目のつけどころを変えてみる!
日本語から考える英会話

柳瀬和明 著

UNICOM Inc.

はじめに

<本書はこんな方々へ>

　本書は次のようなもどかしさを感じている方々に、言いたいこと（日本語）を英語で表現できるようになるための考え方を提案します。

> 英語の単語や決まり文句（挨拶、お礼など）はある程度は知っているのに、言いたいことを伝えようとすると、何を、どのようにすればいいかわからなくなってしまう人

　英語の単語や決まり文句を知っていても、実際に言いたいことを英語で表現できるかというと、そこには大きな壁があります。決まり文句は覚えた表現をそのまま使えばいいのですが、自分の言いたいこととなると、それを英語のルールに沿って処理する必要が出てきます。そのためには、**日ごろ無意識に使っている日本語の特徴をあらためて認識**することが大きな助けになります。

<言いたいことをどう処理するか：〈調理法〉を身につける>

　言いたいことを英語で表現するということは、料理を作ることに似ています。食材（語彙や文法などの知識）は大切ですが、それだけでは料理（言いたいことを英語で伝えること）になりません。例えば、「ご飯、卵、チャーシュー、塩、コショウ、サラダオイル」という個別の食材が「チャーハン」という１つの料理になるには適切な調理法が必要です。みなさんが今持っている食材には個人差があり、できる料理には多少の差があるかもしれませんが、「煮る」「焼く」「蒸す」などの基本的な調理法は同じです。

　本書では、**英語を話しやすくするための〈調理法〉を５つ提案**しています。「日ごろ使っている日本語」をどう処理すればより英語で伝えられるようになるのか、この〈５つの調理法〉をマスターすれば、英語でも、言いたいことがもっと伝わるようになるでしょう。

本書は、プレゼンなどでよく使われるスライド形式で、各ページの囲みに要点をまとめてあります。

▶ この囲みには、補足・関連情報をつけ加えてありますので、参考にしてください。

目次

はじめに 3

第1部　2つのタイプの学習法　食材調達型学習と調理法型学習 5

第2部　「言いたいこと」に含まれる複雑さ 11

第3部　英語での自己表現に立ちはだかる「壁」 19

第4部　「壁」を越えるために　2種類の日本語「J1－J2」 27

第5部　英語での自己表現を助ける〈5つの調理法〉
　　　　（コツがつかめる練習問題つき）... 33

　　　調理法①　使える語順を身につける 35
　　　　　　　　練習問題・解説と表現例 42

＜ Coffee Break ①＞「は」のおさらい 73

　　　調理法②　事実と心情を整理する 74
　　　　　　　　練習問題・解説と表現例 78

＜ Coffee Break ②＞"Why ～?" と「なぜ？」について 99

　　　調理法③　省かれている語句を補足する 100
　　　　　　　　練習問題・解説と表現例 102

＜ Coffee Break ③＞英語の単語は基本的に多品詞 123

　　　調理法④　おまけ部分は削除して核心部分を述べる 124
　　　　　　　　練習問題・解説と表現例 126

　　　調理法⑤　日本語の慣用表現・比喩表現や伝統的な文物は言い換える ... 157
　　　　　　　　練習問題・解説と表現例 160

＜ Coffee Break ④＞インプットはアウトプットを支える原動力 192

第6部　〈5つの調理法〉を使って英語で表現しよう！
　　　　練習問題総まとめ 193

第7部　英語力を支える日本語生活 207

おわりに 217

参考文献 218

第1部

2つのタイプの学習法
食材調達型学習と調理法型学習

食材調達型学習と調理法型学習とは？

①食材調達型学習

「食材」＝決まり文句や単語・熟語など。これらを１つ１つ地道に蓄積していく学習

1　どこでも必要となる可能性の高い決まり文句の蓄積
　　　　挨拶、お礼、謝罪など
2　語彙や文法などの蓄積
　　　　単語・熟語、文法（ルール）、基本的な構文など

②調理法型学習

集めた「食材」を使って、日本語で言いたいことを英語で伝えるために、言いたいことをどのように「処理」＝「調理」すればいいかという考え方・手法の学習

▶ 言いたいことを英語で表現することは「料理を作ること」に似ています。そもそも食材がなければ料理はできません。食材があっても調理法がわからなければ料理はできません。料理を作るには食材と調理法の両者が必要になります。そして、食材の種類が増えれば、料理の種類も増えることになります。

食材調達型学習の必要性と限界

①外国語学習において地道な積み重ねは不可避
語彙や文法、決まり文句などの「食材」を蓄積する努力

②「食材の調達」は基礎体力の養成
基礎体力が不足すれば技術の向上も見込めない。

③食材を調達するだけでは不十分
集めたたくさんの食材をどのように料理にするかという視点が必要
⇒ 調理法型学習の重要性

- 外国語学習である以上、蓄積型の学習は大切な必要条件です。
- 重要なことは、「蓄積」だけにとどまらずに、集めた食材をどのようにして料理に仕上げるかという考え方も身につける必要があり、蓄積したものと言いたいことの「橋渡しの方法」を身につけることです。
（＝調理法型学習）

決まり文句で対応できること・対応できないこと

①対応できること
状況や場面があらかじめ想定できることで、いつもほぼ同じ形の表現が使える場合
＜例＞挨拶、お礼、謝罪など

②対応できないこと
その場のやりとりで内容が変化し、それに応じるために言いたいことを英語のルールに沿って組み立てなければならない場合
＜例＞自分の思い、意見や理由の表明など

▶ 決まり文句は覚えた表現をそのままの形で使えるのに対して、言いたいことを伝えるには**「日本語での情報（自分の思い、意見・理由など）を整理して英語の文を組み立てる」というプロセス**が必要になります。

調理法型学習の重要性

①蓄積した「食材」の運用
1 「食材」を孤立させたままにしない。
2 「食材」を活かすにはどういう調理法があるかという視点

②調理法型学習は「自分の言いたいこと」が出発点
1 言いたいこと(自分の思い、意見・理由など)は明確かどうか。
2 言いたいことはどの程度整理されているか。

③調理法型学習の重要性
言いたいこと(情報)の処理の仕方を身につける。

▶ 日ごろ無意識に使っている日本語をいきなりそのまま英語で表現しようとしても、うまくいかないことが多々あります。

▶ **日本語で言いたいことはどの程度明確なのか、どの程度整理されているのか**という視点で見直すことが、英語での表現力につながります。

第1部のまとめ

①語彙・文法や決まり文句を覚える学習は必要である。しかし、それだけでは言いたいことを伝えることはできない。
⇒食材調達型学習の必要性と限界

②言いたいことを伝えるには、その情報（自分の思い、意見・理由など）をどのように整理し、処理したらよいのかという視点が求められる。
⇒調理法型学習の重要性

▶ 言いたいことがいつも英語の形式にぴったりとあてはまればいいのですが、残念ながらそういうわけにはいきません。この2つの間を埋めるための考え方を身につけるのが調理法型学習です。

第2部

「言いたいこと」に含まれる複雑さ

言いたいことを英語で伝えられない理由

①「食材」の不足によるもの

語彙・文法や表現形式が限られていることからくるもの

 1 話題が限られたり、話題についていけなかったりする。
 2 限られたパターンでしか表現できない。

②「調理法」がわからないもの

語彙や表現の量によって解決されるというよりは、発想の転換が求められるもの

 1 日本語をそのまま英語の単語に置き換えても通じない
 2 大きな誤解を招く

▶ 例えば、レストランで肉料理を注文するときに、日本語では「私はチキン」と言うことができますが、英語で"I'm chicken."と言うと「私の存在は鶏肉です」あるいは「私は臆病です」という意味になってしまいます。('chicken'には「臆病な」という意味があります。)

▶ このようなことを防ぐには、**日本語の特徴に関する気づき**が必要になります。(この例では「は」の働きに関する認識)

※「は」の働きについては、40、41、73ページをご覧ください。

「言いたいこと」は案外複雑

＜無意識に使っている日本語の言い回しの特徴を再認識＞

①主語や目的語の見えにくさ
1 多くの場合、主語や目的語は隠れている。
2 主語や目的語をいちいち言うと、日本語としては不自然なものになる。
⇒＜例1＞（14ページ）へ

②事実と心情の混在
1 事実と心情が微妙に入り混じっている言い回し
2 その心情を相手に察してもらいたいという意識
⇒＜例2＞（16ページ）へ

▶ **①について**
主語や目的語は英語でのコミュニケーションにおいて極めて重要な要素です。日本語では明示的に出さなくてもすむこれらの要素を英語では「いちいち明示する」ことが求められます。

▶ **②について**
使い慣れた日本語では巧みな言い回しによって、様々な心情を込めることができますが、この巧みな言い回しをそのまま英語で表現することは決して容易ではありません。

＜例1＞主語や目的語の見えにくさ

＜新しいスマートフォンについての友人同士のやりとり＞
A：おい、買ったのか？
B：いや、まだだけど。買ったのか？

＜主語や目的語を補ってみると……＞
A：（君は）（新しいスマートフォンを）買った？
B：（僕は）（それを）まだ買っていない。（君は）（それを）買ったのか？

▶ 主語や目的語を明示するとなんとも不自然な印象を受けますが、この「不自然な日本語」をあえて意識化することが英語で表現するために有効なプロセスになります。なぜなら、主語と目的語は英語の基本語順において極めて重要な要素だからです。

＜例１＞を解決するには？
主語と目的語に対する日英差を知ろう！

①日本語の特徴

主語や目的語をいつも入れると日本語として不自然になる。

・君は新しいスマートフォンを買った？（△）

・買った？（○）

②英語の特徴

主語や目的語を勝手に省くことはできない。

（入れないと英語として成り立たない）

・Did you buy a new smartphone?（○）

・Buy?（×）　主語も目的語もない

・Did you buy?（×）　'buy'の目的語がない

▶ 英語における目的語の有無は動詞の働きによって決まります。

▶ 英語の動詞には自動詞と他動詞という働きの違いがあり、自動詞は目的語を必要としませんが、他動詞は必ず目的語が必要となります。英和辞書では⾃⼬のように表示されています。

＜例２＞ 事実と心情の混在

＜ DVD の返却についての友人同士のやりとり＞
A：あの DVD、どうしたのよ。今日は……？
B：あっ、あれね。ちょっといろいろあってさ……。

＜事実と心情を整理してみると……＞
A：（あなたは）あの DVD を持ってきた？　　　【事実】
　　（私は）（それを）早く返してほしいの。　　《心情》
B：（私は）（それを）忘れた。　　　　　　　　【事実】
　　ごめん。　　　　　　　　　　　　　　　　《心情》

▶ 普段の何気ないやりとりの中にも、事実と心情が複雑に入り混じっていることがわかります。
▶ 使い慣れた日本語では巧みな言い回しによって、様々な心情を込めることができますが、この巧みな言い回しをそのまま英語で表現することは決して容易ではありません。
▶ ここにも主語と目的語が省略されていますので、(　　)でそれらを補ってあります。

<例2>を解決するには？
言いたいことを明確にしよう！

①「あいまいさ」の背景
1 明確に言うことをためらう心理
2 聞き手に察してもらいたいという心理
　⇒ 聞き手依存型のコミュニケーション

②事実と心情の整理
1 日本語での巧みな言い回しをそのまま英語で表現するのは容易なことではない。
2 事実と心情を整理して表現する。

▶ 日本語でのコミュニケーションでは問題とならないことが、英語でのコミュニケーションとなったときにあらためて意識し直すことが求められます。

第2部のまとめ

＜言いたいことを明確にするための視点＞

①主語や目的語の明確化
　日ごろの日本語生活では、主語も目的語もいちいち言わないことが多いが、英語ではそれを明確にしなければならない。

②事実と心情の整理
　微妙な言い回しにはしばしば事実と心情が混在しているので、それらを整理することで英語での表現がしやすくなる。
　⇒ 混在したままの日本語をそのまま英語で表現するのは容易なことではない。

▶ **日本語では許されていること、英語では許されないこと**について再認識することが求められます。主語と目的語はその典型例です。

▶ 母語である日本語ならできる微妙な言い回しを英語で表現するには高度な英語力が必要です。まずは、日本語で言いたいことを明確にすることが英語での自己表現を容易にするのに役立ちます。

第3部

英語での自己表現に立ちはだかる「壁」

越えるべき5つの壁

....

① 英語は日本語に比べて語順に厳格な言語

② 「言いたいこと」に含まれる複雑さ

③ 日本語では頻繁に見られる主語や目的語の省略

④ 一字一句にこだわると支離滅裂

⑤ 日本語の慣用表現・比喩表現や伝統的な文物を表現するときは工夫が必要

▶ これらがすべてというわけではありませんが、まずはこの5つのことを再認識することが言いたいことを英語で伝えるための大切なステップになります。次に、これらがどのような壁なのか説明します。

【壁1】
英語は日本語に比べて語順に厳格な言語

①日本語は語順に寛容
「は」「が」「を」「に」といった助詞の働きによって、意味を大きく変えることなく語順を変えられる。
＜例＞ケンは　ポチに　えさを　やった。
　　　ポチに　ケンは　えさを　やった。

②英語は語順に厳格
語順（語句の位置）が意味を決める言語なので、語順を変えると意味が変わる。
＜例＞ Ken likes Pochi.（ケンはポチが好きだ）
　　　 Pochi likes Ken.（ポチはケンが好きだ）

▶ 「日本語で言いたいことを英語で表現する」ということは、**語順に対して「緩やかなルール」から「厳格なルール」へ移行すること**を意味します。
▶ 英語での自己表現において**語順を軽視することは致命的**なことになります。

【壁２】
「言いたいこと」に含まれる複雑さ

①日ごろ無意識に日本語を使っているときには、言語表現以外のさまざまな要素が含まれている。
　＜例＞表情、視線、しぐさなど

②言いたいことの中には、事実と心情という２つの要素が混在していることが多い。

⇩

自分の言いたいことが何なのかを明確にする必要がある。
　　　　　⇒ 事実と心情の整理

▶ 表情、視線、しぐさなどは「非言語的要素」と呼ばれています。何か伝えようとするときには、言語表現そのものだけでなく、これらを無意識のうちに駆使しています。

▶ 日本語であろうと英語であろうと、コミュニケーションにおいては、非言語的要素は言語そのものよりも重要な役割を果たしているとも言われています。

【壁3】
日本語では頻繁に見られる主語や目的語の省略

①日本語では、主語や目的語がしばしば省略される。
主語や目的語をいちいち言うことは、日本語の「自然さ」を損なう場合が多い。

②省略された主語や目的語は、聞き手や読み手がその状況から判断して補いながら、話し手や書き手の意図を理解している。
⇒ 聞き手・読み手への依存度が高い。

③英語では、主語や目的語を勝手に省くことはできない。

⇩

主語や目的語を常に明確にすることが求められる。

▶ 英語では主語や目的語を明確にすることが求められますが、同時に同じ語句を繰り返し使うことはよくないと考えられています。
▶ この繰り返しを避けるために、**英語では代名詞の使い方が重要**になります。
   <例> 'Ken'の繰り返しを避けるために、代名詞の'he'を使います。
        さらに、'he'を繰り返すのを避けるために'the boy'などと言い換えたりします。

【壁4】
一字一句にこだわると支離滅裂

①無意識のうちに用いている日本語においては、伝えたい「核心部分」とそれを取り巻くさまざまな「おまけ」の部分があることに気づきにくい。

②英語で表現するときに、この「おまけ」の部分に振り回されると何が言いたいのかはっきりしなくなる。

⇩

言いたいことの「優先順位」を考え、
「核心部分」が何かということを明確に意識する必要がある。

▶ 「一字一句にこだわる」とは、**情報の優先順位**を意識しないまますべてのことを英語で表現しようとすることを意味します。
　＜例＞ ああだこうだ言ってないでさ、そろそろ決断しろよ。
　　　　　　おまけ　　　　　　　　　核心部分

【壁５】
日本語の慣用表現・比喩表現や伝統的な文物を
表現するときは工夫が必要

①日本語の慣用表現・比喩表現や伝統的な文物は実際のやりとりの中でかなりの頻度で登場する。

②これらはそのまま機械的に英語に置き換えても相手には何のことかわかりにくい、あるいはまったくわからない。

⇩

このような日本の文化的色彩が強いものを英語で表現するには相手にわかりやすく伝えるための工夫が求められる。

▶ 文化的背景を共有していなければ理解されないものが多々あります。
▶ 日本語の慣用表現・比喩表現や日本文化独特の文物はその典型的な例です。
　＜例＞「七夕祭り」を単に *'Tanabata Matsuri'* と言うだけでは、それが食べ物なのか、ゲームなのか、どんなものかが相手には理解されません。

第3部のまとめ

①**英語は語順が意味を決めるということ**
　・英語の語順を守らないと意味が変わる、あるいは伝わらない。
②**自分の言いたいことは案外複雑だということ**
　・事実と心情の混在を整理する。
③**日本語では主語や目的語の省略があること**
　・英語では主語や目的語を勝手に省くことはできない。
④**一字一句にこだわると支離滅裂になること**
　・言いたいことの優先順位を意識して表現する。
⑤**日本語の慣用表現・比喩表現や伝統的な文物を表現するには工夫が必要なこと**
　・機械的な置き換えでは相手に通じない。

▶ これらは単に英語の語彙力があるかないかという問題ではなく、考え方や発想そのものが問われるレベルの問題です。
▶ 特に、①は②〜⑤にも関係するもので、最も重要な要素になります。

➡ この壁を越えるにはどうすればいいのかを次に考えていきます。

第4部

「壁」を越えるために
2種類の日本語「J1－J2」

「壁」を越えるために

①食材調達型学習によって、語彙や構文を豊かにしていくことを怠らない。

1 自分の言いたいことを外国語で表現できるようになるために、食材調達型学習は避けて通れない。
2 これは必要条件だが、これだけではうまくいかない。

②調理法型学習によって思考回路を形成する。

1 集めた「食材」を使用するための考え方を身につける。
2 英語にしやすい日本語を意識する。
　　⇒ J1 − J2 という考え方

→ J1 − J2 とは何かということについて詳しく見ていくことにしましょう。

「J1−J2」とは？

①日ごろ無意識に使っている日本語を、英語での自己表現という視点から意識してみる。

　J1：無意識に使っている日本語
　　　（母語として日ごろ使っている日本語）
　J2：英語で表現することを意識した日本語
　　　（英語での自己表現を助ける日本語）

②J2を使って生活するという意味ではない。

　J2は英語での表現を助けるもの

▶ J1は、いわば「日本語らしい日本語」という言い方もできます。しかし、こなれた日本語、しゃれた日本語であればあるほど、それを英語で表現することが難しくなります。

▶ J2は、日本語としては自然さに欠けるものになる可能性がありますが、それが英語での自己表現を助ける「補助輪」の働きをします。

第4部　「壁」を越えるために　2種類の日本語「J1−J2」

「E1−E2」とは？

①J1、J2と同様に、英語についても2つの段階を考える。

②最初から、英語母語話者と同じようなレベルの英語が使えるようになることを目指す必要はない。

　E1：英語を第一言語（母語）とする人の英語
　E2：英語を第二言語（外国語）として学んだ人の英語

※ネイティヴスピーカーの英語を身につけるというよりも、「言いたいことをどの程度伝えられるか」という視点に立つ。

▶ しゃれた英語やかっこいい英語でなくても、言いたいことを誤解されないように伝えられるための英語を目指すことが大切です。
▶ それを可能にするために、J1−J2という視点が役立ちます。

Ｊ１－Ｊ２－Ｅ２－Ｅ１の順で見てみよう

＜DVDを貸してくれた友人とのやりとりでのＢの応答の場合＞

Ａ：あのDVD、どうしたのよ。今日は持ってきたでしょ。
Ｂ：あっ、あれね。ちょっといろいろあってさ……。

 Ｊ１：あっ、あれね。ちょっといろいろあってさ……。
 ↓　（日本語でのイントネーションやしぐさなども重要）
 Ｊ２：ごめん。私はそれを忘れた。
 ↓
 Ｅ２：I'm sorry. I forgot it.
 ↓
 Ｅ１：Well, uh, actually, ……
   （英語でのイントネーションやしぐさなども重要）

▶ Ｅ１のような表現を使いこなすには、表現そのものだけでなく、英語におけるイントネーションやしぐさなども同時に求められ、かなり高度なコミュニケーションになります。

▶ **Ｊ２を経てＥ２レベルの英語を目指すことで誤解を未然に防ぐ**ことが可能になります。

第4部のまとめ

①自分の言いたいこと（J1）を英語で表現しやすい日本語（J2）を経由して英語で表現する。

②まずはE2レベルの英語を目指す。いきなりE1を目指さなくてもよい。

$$J1 \rightarrow J2 \rightarrow E2 \rightarrow E1$$

▶ J2を意識することは、J1レベルの日本語を英語で表現するために、言いたいことを整理することにつながります。

第 5 部

英語での自己表現を助ける〈5つの調理法〉
　（コツがつかめる練習問題つき）

5つの壁に対する〈調理法〉
＜J1-J2で調理法を見てみよう＞

壁	調理法（①〜⑤）
1	①使える語順を身につける。
2	②事実と心情を整理する。
3	③省かれている語句を補足する。
4	④おまけ部分は削除して核心部分を述べる。
5	⑤日本語の慣用表現・比喩表現や伝統的な文物は言い換える。

▶ 1〜5の壁は、20ページにある「越えるべき5つの壁」の①〜⑤に相当します。

調理法①
使える語順を身につける

語順に対する日英差

①英語は語順が厳格
1 語と語の関係は語順で決まる。
2 語順が変われば意味が変わる。

　　　Ken likes Pochi.（ケンはポチが好きだ）
　　　Pochi likes Ken.（ポチはケンが好きだ）

②日本語は語順が寛容
1 語と語の関係は助詞（「は」「が」「を」「に」など）で決まる。
2 語順が変わっても意味が大きく変わらない。

▶ 日本語は助詞の働きによって語順の自由度が高い言語です。
　　＜例＞ ケンは　ポチに　えさを　やった。
　　　　　ポチに　ケンは　えさを　やった。
　　　　　えさを　ポチに　ケンは　やった。

英語の基本語順

＜5文型：英語の基本語順の代表的な形＞

第1文型：S＋V（主語＋動詞）
第2文型：S＋V＋C（主語＋動詞＋補語）
第3文型：S＋V＋O（主語＋動詞＋目的語）
第4文型：S＋V＋O＋O（主語＋動詞＋目的語＋目的語）
第5文型：S＋V＋O＋C（主語＋動詞＋目的語＋補語）

1 すべてに共通するのは、「主語＋動詞」で始まる。
2 動詞の後ろに何がくるかは、その動詞の働きの違いによる。
　・目的語を必要としない動詞（自動詞：辞書では㊀と表示）
　・目的語を必要とする動詞（他動詞：辞書では㊁と表示）

▶ 5文型の知識は英語を理解する上で有効ですが、自分が英語を使うときにすべての文型を使いこなすことは容易ではありません。
▶ まずは、使い勝手のいい文型を身につけることをお勧めします。そこで、使い勝手のいい文型（語順）とは何かを考えてみましょう。

「動作」と「状態」という視点で5文型を見る

①日常生活のできごとは、大きく「動作」と「状態」に分けることができる。

動作：主語が（～を）…する。
状態：主語が～だ。

②「動作」と「状態」という視点で5文型を整理する。

動作：第1文型、第3文型、第4文型、第5文型
状態：第2文型

- ▶ 「動作」の場合は様々な動詞が用いられますが、「状態」の場合の動詞は be 動詞（is / am / are）が中心となります。
- ▶ 次に、使い勝手のいい文型（語順）を絞り込んでみましょう。

第5部　調理法①　使える語順を身につける

「動作」と「状態」
使い勝手のいい文型（語順）は絞られる

①「動作」を表す場合

1 第1文型、第3文型、第4文型、第5文型の中で使いやすいのは第1文型と第3文型

2 第1文型と第3文型の違いは目的語があるかないかということなので、それを次のようにまとめる。

「〜は（が）」＋「〜する」（＋「〜を」）

②「状態」を表す場合

第2文型が該当するので、次のように表す。

「〜は（が）」＋「〜だ」

▶ 「動作」を表す場合、実際には「場所」や「時」に関する情報を伴うことが多いので、これらの要素を加えて次のようにします。

「〜は（が）」＋「〜する」（＋「〜を」）(「どこで」＋「いつ」)

▶ 英語では、「場所」と「時」に関する情報がある場合、原則として「場所」＋「時」という順番になります。

「動作」と「状態」
使い勝手のいい語順パターンを身につける

① 英語では「主語＋動詞」がすべての文型の基本

② 「動作」と「状態」を表す２つの語順パターンでほとんどのことは英語で表現できる。

＜動作のパターン＞

「～は（が）」＋「～する」（＋「～を」）（「どこで」＋「いつ」）

＜状態のパターン＞

「～は（が）」＋「～だ」

▶ ここまで、「主語」という用語を何回も使ってきましたが、**日本語では「主語」と間違えやすい「主題」**というものがあります。

▶ 「主語」と「主題」の区別ができないと、英語での自己表現に大きな支障をきたします。日ごろ無意識に日本語を使っているときには気づきにくい**「主語」と「主題」の違い**を次に取り上げることにします。

主語と主題の違いとは？

①主語と主題の違い
主語：動作や状態の主体（「誰（何）が」に当たる語句）
主題：そこで話題にしていること・もの

②日本語の「は」に要注意
1 そのゲームは面白い。（主語）
　　⇒ The game is interesting.（○）
2 そのゲームは知らない。（主題）
　　⇒ The game does not know.（×）
　　⇒ I do not know the game.（○）
　　（主語は「私」で、「そのゲーム」は目的語に相当）

▶ **「は」は基本的には主題を表す**働きと言われています。ただし、上記の1のように主語にあたる語句を示すこともできます。これが**英語で表現するときに主語と主題を混同する原因**になっています。

「は」のついた語句の働きを見極めよう

①「は」をつければどのような語句も文頭に置ける。

この便利さのために、「は」がついた語句を主語と思い込んでしまう。
- そのゲームは知らない。（そのゲーム：目的語）
- そのお寺は庭がきれいだ。（そのお寺：庭がある場所）
- 明日は運動会だ。（明日：運動会が行われる時）

②「は」がついた語句の文中での働きを見極める。

「は」のついた語句が、文中でどのような働きをしているかを見極めなければ、英語で適切に表現することはできない。

➡ 次に「動作」と「状態」のパターンに慣れるための練習問題を用意しました。問題文（J1）を英語にするときに、頭の中でJ2を意識してみてください。
　ページごとに1題、ヒントとともに出します。次のページでその解説と英語表現例を示します。

J1

第 1 問

昨日、渋谷で田中さんに会いました。

ヒント

◇ 「誰」が田中さんに会ったのか？
◇ 動作のパターンを使う。
　「～は（が）」＋「～する」（＋「～を」）（「どこで」＋「いつ」）
◇ ～に会う：meet
◇ 原則は、「時」と「場所」では「場所」が先。「時」を文頭に置くとそれが強調される。

J2 昨日、私は渋谷で田中さんに会いました。

解説と英語表現例

《J2で考えると……》
◎隠れた主語を明確にする＝「私」
◎動作のパターンの語順を適用

　私は　会った　田中さんに　渋谷で　昨日。

《英語で表現すると……》

I met Mr. Tanaka in Shibuya yesterday.
※「田中さん」が女性であれば 'Ms. Tanaka'
Yesterday, I met Mr. Tanaka in Shibuya.
※ 'yesterday' を文頭に置くと、「時」が強調される。

▶「〜に会う」という表現も次のように使い分けることができます。
・meet：（約束して）〜に会う
・see：〜に会う（「見る」という意味から「会う」）
・come across：〜に偶然会う、ばったり会う

J1

第 2 問

渋谷は混んでいました。

ヒント

◇ 「渋谷」の働きは？
◇ 状態のパターンを使う。
  「〜は（が）」+「〜だ」
◇ 状態の場合は be 動詞の出番：ここでは過去形
◇ 混んでいた：be crowded

J2 渋谷は混んでいました。

解説と英語表現例

《J2で考えると……》

◎主語を明確にする

ここでは「渋谷」が主語と見なせる。

◎状態のパターンの語順を適用

渋谷は　混んでいた。

《英語で表現すると……》

Shibuya was crowded.

There were many people in Shibuya.

※「混んでいた」の意味を「たくさんの人がいた」のように表現することもできる。

> ▶ 1つの日本語に対して英語表現が1つとは限りません。
> ▶ **「正解が1つある」という考え方ではなく、「どのような言い方をすれば、同じような意味を伝えられるか」という発想**が大切です。

第3問

田中さんと昼食を食べました。

ヒント

◇ 「誰」が田中さんと昼食を食べたのか？
◇ 動作のパターンを使う。
　「〜は（が）」＋「〜する」（＋「〜を」）（「どこで」＋「いつ」）
◇ 昼食を食べる：eat lunch
◇ 〜と → 〜と一緒に：with 〜

J2 私は田中さんと一緒に昼食を食べました。

解説と英語表現例

《J2で考えると……》
◎隠れた主語を明確にする＝「私」
◎動作のパターンの語順を適用

　私は　食べた　昼食を　田中さんと一緒に。

《英語で表現すると……》

I ate lunch with Mr. Tanaka.

Mr. Tanaka and I ate lunch together.

※主語を「田中さんと私」とすることもできる。英語では「私」は後になる。
※ together：一緒に

▶ **食事に関わる表現**
・朝食をとる：eat [have] breakfast
　　　　　　　（昼食：lunch、夕食：dinner）
・デザート：dessert（desert は「砂漠」という意味なので注意）
・食事を注文する：order a meal
・料金を払う：pay the bill（bill は「請求書」）

第5部　調理法① 使える語順を身につける

J1

第4問

昼食後、新宿へ買い物に行きました。

ヒント

◇ 「誰」が買い物に行ったのか？
◇ 動作のパターンを使う。
　「〜は（が）」＋「〜する」（＋「〜を」）（「どこで」＋「いつ」）
◇ 〜へ買い物に行く：go shopping in [at] 〜
　　　　　　　　　「〜へ」につられて 'go shopping to 〜' のように 'to' を用いないこと。
◇ 昼食後：after lunch

J2 昼食後、私は新宿へ買い物に行きました。

解説と英語表現例

《J2で考えると……》
◎隠れた主語を明確にする＝「私」
◎動作のパターンの語順を適用

　私は　買い物に行った　新宿へ　昼食後に。

《英語で表現すると……》

I went shopping in Shinjuku after lunch.
After lunch, I went shopping in Shinjuku.

▶ 買い物に関する表現

・〜を探す：look for 〜
・〜を試着する：try on 〜
・〜を試食（試飲）する：try 〜
　　　　　　　　　　　　sample 〜
　　　　　　　　　　　　sample a new dish：新しい料理を試食する
・領収書を求める：ask for a receipt

第 5 問

先週、コンピュータに関する本を買いました。

ヒント

◇ 「誰」が本を買ったのか？
◇ 動作のパターンを使う。
 「〜は（が）」＋「〜する」（＋「〜を」）（「どこで」＋「いつ」）
◇ 〜に関する：about 〜
 'on' にも「〜に関する」という意味がありますが、
 'on' の後にはしばしば専門的なことがきます。
 ＜例＞ a book on biology：生物学の本

J2 先週、私はコンピュータに関する本を買いました。

解説と英語表現例

《J2で考えると……》
◎隠れた主語を明確にする＝「私」
◎動作のパターンの語順を適用

　私は　買った　コンピュータに関する本を　先週。

《英語で表現すると……》

I bought a book about computers last week.
Last week, I bought a book about computers.

▶ コンピュータに関わる表現
- コンピュータの電源を入れる：turn on a computer
  　　　　　　　　　　　　　　（⇔ turn off）
- プログラムをダウンロードする：download a program
- 新しいデータをアップロードする：upload new data
- ノートパソコン：notebook computer
- タブレット型コンピュータ：tablet computer

第6問

夕方、雨になりました。

ヒント
◇ 「雨になった」とは「雨がどうした」？
◇ 通常、天気について述べるときの主語は 'it' を使う。

J2 夕方、雨が降り始めました。

解説と英語表現例

《J2で考えると……》

◎「雨になった」は「雨が降り始めた」

◎天気、天候について述べる場合の主語は通常 'it' を用いる。

※この 'it' は特に意味のあるものではなく、「主語＋動詞」という英語の基本語順を作るために用いられる。

雨が降り始めた　夕方。

《英語で表現すると……》

It started raining in the evening.
In the evening, it started raining.

▶ 特に意味を持たないこのような 'it' は、次のような場合にもよく用いられます。

- It's five o'clock.（5時です）＜時間＞
- It's about ten kilometers.（約10キロあります）＜距離＞
- It's mid-summer.（真夏だ）＜季節＞

J1

第7問

その映画は面白い。

ヒント

◇ 「その映画」は主語？
◇ 状態のパターンを使う。
　「〜は（が）」＋「〜だ」
◇ 面白い：interesting

J2 その映画は面白い。

解説と英語表現例

《J2で考えると……》

◎「その映画」は主語と見なせる。
◎状態のパターンの語順を適用

 その映画は　面白い。

《英語で表現すると……》

The movie is interesting.

※「面白い」のいろいろ
 interesting：興味・関心をそそられる
 amusing：楽しくさせる
 exciting：わくわくさせる
 funny：こっけいな

▶ **映画に関する表現**
- 映画館：(movie) theater
※「劇場」と区別するときは movie をつけるとよい。
- アクション映画：action movie
- 恋愛もの：love story
- コメディー：comedy
- ホラー映画：horror movie

第 8 問

その映画は見たよ。

ヒント

◇「その映画」は主語？
◇ 主題と主語の違いに注意
◇「映画を見た」のは誰か？

J2 私はその映画を見た。

解説と英語表現例

《J2で考えると……》

◎「その映画」は主題を表している。
　その映画は＝その映画について言えば
◎「見た」の主語＝「私」
◎動作のパターンの語順を適用
　私は　見た　その映画を。

《英語で表現すると……》

I saw the movie.
I watched the movie.

▶「映画を見る」というときの動詞は see または watch ですが、see a movie は「映画館で」、watch a movie は「テレビあるいはビデオで」という意味合いを持つという説明もあるようですが、この使い分けは必ずしも厳密ではないようです。

▶ go to the movies は「映画を見に行く」という一般的な意味で、特定の映画を見に行く場合は、go to the movie となります。

第9問

そのレストランは人気がある。

ヒント

◇ 「そのレストラン」は主語？
◇ レストラン：restaurant
◇ 人気がある：be popular

J2 そのレストランは人気がある。

解説と英語表現例

《J2で考えると……》

◎「そのレストラン」は主語と見なせる。

◎状態のパターンの語順を適用

　そのレストランは　人気がある。

◎「人気がある」ということは「多くの人がそのレストランが好きだ」という言い方や、「そのレストランはいつもお客で満員だ」としてもよい。

《英語で表現すると……》

The restaurant is popular.

Many people like the restaurant.

The restaurant is always full of customers.

※ be full of ～：～でいっぱいだ

▶ 1つの日本語の意味を伝えるにしても、いろいろな言い方が考えられます。（ここでは'Many people'を主語にするという発想）

▶ このような発想ができるようになるためにも、J2を意識することが役立ちます。

第10問

そのレストランは知りません。

ヒント

◇ 「そのレストラン」は主語？
◇ 主題と主語の違いに注意
◇ 「知らない」のは誰か？

J2 私はそのレストランを知りません。

解説と英語表現例

《J2で考えると……》

◎「知らない」の主語＝「私」

◎「そのレストラン」は「知らない」という動詞の目的語

私は　知らない　そのレストランを。

《英語で表現すると……》

I don't know the restaurant.

I have never heard of the restaurant.

　（私はそのレストランのことを聞いたことがない）

※「知らない」は 'don't know' で十分だが、このようにして表現の幅を広げることもできる。

▶ 'have never + 過去分詞' で「〜したことがない」という経験を表すことができます。

　　＜例＞ I have never climbed Mt. Fuji.

　　　　　（富士山に登ったことがありません）

第 11 問

そのお寺は庭が美しい。

ヒント

◇ 主題と主語の違いに注意
◇ 主語は 2 通りの可能性
◇「美しい」のは「お寺」? それとも「庭」?
◇「庭」と「お寺」の関係は?

J2
① そのお寺にある庭は美しい。
② そのお寺は美しい庭を持っている。

解説と英語表現例

《J2で考えると……》
① 「そのお寺にある庭」を主語とする場合
　そのお寺にある庭は　美しい。
② 「そのお寺」を主語とする場合
　そのお寺は　持っている　美しい庭を。

《英語で表現すると……》
① The garden in the temple is beautiful.
② The temple has a beautiful garden.
※主語を何にするかによって、その後の動詞が変わることに注意。

▶ 日本語につられて、"The temple is a beautiful garden." とすると「そのお寺＝美しい庭」という意味になり、「お寺が庭」というのは意味不明な英語になってしまいます。このようなことが起きるのは**主題と主語を混同**したためです。

第5部　調理法① 使える語順を身につける

第 12 問

うさぎは耳が長い。

ヒント

◇ 主題と主語の違いに注意
◇ 主語は2通りの可能性
◇ うさぎ：rabbit
◇ 耳：ear

J2
① うさぎの耳は長い。
② うさぎは長い耳を持っている。

解説と英語表現例

《J2で考えると……》

① 「うさぎの耳」を主語とする場合

　うさぎの耳は　長い。

② 「うさぎ」を主語とする場合

　うさぎは　持っている　長い耳を。

《英語で表現すると……》

① The ears of a rabbit are long.

② A rabbit has long ears.

※「耳」は2つあるので複数形にする。

▶ **何を主語にするかによってその後の動詞が変わります。** ここでは「うさぎの耳」を主語にしたときと「うさぎ」を主語にしたときで異なる動詞になっていることに注意してください。

第 13 問

来週はお祭りだ。

ヒント

◇ 主題と主語の違いに注意
◇ 主語は2通りの可能性
◇ お祭り：festival

J2
① 来週お祭りが行われる。
② 私たちは来週お祭りを持つ。

解説と英語表現例

《J2で考えると……》
① 「お祭り」を主語とする場合
　お祭りが　行われる　来週。
② 「私たち」を主語とする場合
　私たちは　持つ　お祭りを　来週。

《英語で表現すると……》
① A festival is held next week.
　 A festival will be held next week.
※催し物などが「行われる」というときは 'be held' を用いる。
② We have a festival next week.

▶ 未来のことなので 'will be held' とするのが一般的ですが、ここでは「来週」という近い未来を表す語句があるので現在形でもかまいません。
▶ 「来週にお祭りがある」という考え方から、There is a festival next week. と表現することもできます。

第14問

（肉料理の注文で）
私はチキン。

ヒント

◇ 主題と主語の違いに注意
◇ 「私」＝「チキン」ではない。
◇ 動詞を何にする？

J2 私はチキンを食べたい。

解説と英語表現例

《J2で考えると……》

◎動作のパターンの語順を適用

私は　食べたい　チキンを。

《英語で表現すると……》

I'd like to have chicken.

※ 'would like to ～' で「～したい」という意味
※話し言葉では 'I would' が 'I'd' のように短く発音される。

Chicken, please.

※ウエーター（ウエートレス）が目の前にいれば、このような言い方で注文を伝えることもできる。

▶ "Chicken." というだけでは失礼な言い方になります。こういう場面で please が使えると、相手に対する配慮を示す表現になります。

＜例＞ A：Would you like another cup of tea?
（お茶をもう一杯いかがですか）

B：Yes, please. Thank you.
（はい、いただきます。ありがとう）

第 15 問

（ダイエットの話題で）
ケーキは太るよ。

ヒント

◇ 主題と主語の違いに注意
◇ 主語は2通りの可能性
◇ 「太る」のは何？
◇ 太る：（人が主語で）gain weight

J2
① 人はケーキを食べることによって太る。
② ケーキは人を太らせる。

解説と英語表現例

《J2で考えると……》
① 「人」を主語とする場合
◎動作のパターンの語順を適用

　人は　太る　ケーキを食べることによって。

② 「ケーキ」を主語とする場合
◎動作のパターンの語順を適用

　ケーキは　太らせる　人を。

《英語で表現すると……》
① People gain weight by eating cakes.
② Cakes make you [people] fat.

※ 'make' には「〜させる」という意味があり、'make 〜 形容詞' で「〜を…にさせる」となる。

▶ 「〜させる」の意味を持つ3つの動詞（**make** / **have** / **let**）

これらはいずれも「〜させる」という意味合いを持つ使役動詞と呼ばれるものですが、次のようにその意味合いに違いがあります。

・make：(無理やり) 〜させる
・have：(お願いして) 〜してもらう
　　　I had him carry the heavy bag.
　　　　(彼にその重いバッグを運んでもらった)
・let：(相手が了解すれば) 〜してもらう
　　　Let me know your phone number.
　　　　(よろしければ電話番号を教えていただけますか)

第5部　調理法① 使える語順を身につける

調理法①のまとめ
（使える語順を身につける）

①英語では語順を間違えると誤解を生んだり通じなくなる。

②使い勝手のいい語順として次の2つを常に心がける。

　＜動作のパターン＞ 動作を示すあらゆる動詞
　「～は（が）」＋「～する」（＋「～を」）（「どこで」＋「いつ」）
　＜状態のパターン＞ be動詞中心
　「～は（が）」＋「～だ」

③日本語の「は」がついた語句は主語とは限らない。
　「は」のついた語句が文中でどのような働きしているのかを見極めないと、英語にならない。

▶ 使い勝手のいい語順（「動作」と「状態」）が使えるようになったでしょうか。

▶ また、主語と主題の違いが見極められるようになったでしょうか。主語の決定（何を主語にするか）ができないと、その後に続く動詞も決まりません。英語における「主語＋動詞」の重要性を再認識してください。

➡ 次は、調理法②「事実と心情を整理する」です。

Coffee Break ❶

「は」のおさらい

　日本語の「は」には主題を示す働きがあり、いろいろな語句の後につけて、それを文頭に置くことができると言われています。このために、文の主語と見誤ってしまい、英語で表現する際に支障をきたすことがしばしばあります。

　以下に挙げる日本語文の主語は何でしょうか。

① イギリスは行ったことがない。
② 午後は会議だ。
③ 3番線は間もなく到着します。
④ リンゴは赤いのがおいしい。

＜主語の確認＞
①「私」（私はイギリスに行ったことがない）
②「私」（私は午後に会議がある）
③「電車」（電車が3番線に間もなく到着する）
④「赤いリンゴ」（赤いリンゴはおいしい）

　日本語は主題型の言語であるのに対して、英語は主語型と言われています。英語での自己表現において、主語が何かということを意識することの重要性がここにあります。

第5部　調理法①　使える語順を身につける

調理法②
事実と心情を整理する

事実と心情の混在

①言いたいことの中には、しばしば事実と心情が混在している。
　1　しぐさや表情などを無意識に使っている。
　2　その心情を相手に察してもらいたいという意識が隠れている場合が多い。

②日ごろは日本語を無意識のうちに使っているために、この混在に気づきにくい。

⇩

自分の言いたいことを英語で表現する際には、
事実と心情を整理してみるとよい。

▶ 日本語は自由に使いこなせるために、いろいろな言い回しで複雑なメッセージを伝えています。また、相手がそれを察してくれる場合が多いのでコミュニケーションが成立していますが、英語でそれと同じことをするのは容易ではありません。

上司と部下の会話例

＜Ｊ１でよく耳にする応答：部下の言い回しに注目＞

上司：田中君、例の報告書はどうなってるんだ？
　　　今日の午前中にはもらえるはずだったな。
部下：あっ、それがですね、ちょっといろいろありまして……
　　　まだお見せできる形ではないと申しますか……

＜Ｊ２にしてみると：部下の言い回しにある事実と心情＞

事実：報告書はまだできていない。
心情：すみません。

▶ 微妙な言い回しによって、相手に察してもらいたいという気持ちもわかりますが、これだけでは**「相手依存型のコミュニケーション」**になってしまいます。

▶ 誤解を避けるためにも、**「明確に伝える発信者の責任」**という視点を持つことが大切です。

言いたいことは事実と心情の連続体

①事実と心情の混在をそのまま英語で表現するのはかなり高度な英語力が求められる。

②言いたいことを事実と心情という視点で整理する。

事実　　　　　　　　　　　　　　　　　心情
(客観性100％)　　　　　　　　　　　(主観性100％)

> **事実と心情の間にある段階の例**
> 事実：今朝、関東地方に地震がありました。(客観性100％)
> 意見：その制度は改善すべきだ。(客観性○％＋主観性□％)
> 感想：そのゲームは面白い。(客観性◇％＋主観性△％)
> 心情：ふざけんなよ！(主観性100％)

客観性を高めるツールとしての 'because'

① 言いたいことの客観性を高めるには理由や根拠の提示が求められる。

② 理由や根拠を示すためには 'because(なぜならば)' がなければならない。

③ 'because 〜' をつけ加えることは誤解を防ぐ上でも役立つ。
　＜例＞招待などを受けたときに理由をつけずに断ると、相手に失礼になるだけでなく、不要な憶測を引き起こす。

▶ 'because 〜' は単なる「言い訳」ではありません。「単なる言い訳」となるのは、その理由や根拠の質がお粗末なときです。

▶ **理由や根拠を示すことは自分の言いたいことをよりよく理解してもらうための大切な条件でもあります。**

➡ 次に練習問題を用意しましたので、「事実と心情の混在」という点に注意して英語で表現してください。

第 1 問

（先生から宿題の提出を求められて）
あっ、あのう、実は、それが……。

> **ヒント**
> ◇ 事実は？
> ◇ 心情は？
> ◇ 宿題：one's homework

J2
すみません。私は宿題をしていません。

解説と英語表現例

《J2で考えると……》

◎事実：私は宿題をしていない

◎心情：すみません

すみません。私は　していない　宿題を。

《英語で表現すると……》

I'm sorry. I didn't do my homework.

I'm sorry. I forgot my homework.

I'm sorry. I haven't finished my homework yet.

※問題文の日本語から、「宿題を忘れた」や「宿題を終えていない」という言い方もできる。

※ここでは「宿題」が話題になっているので、'my homework' の代わりに代名詞の 'it' を使うこともできる。

▶「まだ～していない」は 'have not + 過去分詞 + yet' という形を用います。

▶「もう～した」というときは 'have (already) + 過去分詞' という形になります。

＜例＞ I have already done it.（それはもうやってしまった）

第5部　調理法②　事実と心情を整理する

第 2 問

（上司から報告書の提出を求められて）
はあ、実は、それがですね……。

ヒント

◇ 事実は？
◇ 心情は？
◇ 報告書：report

J2　すみません。私はその報告書（それ）をまだ終えていません。

解説と英語表現例

《J2で考えると……》
◎事実：私はその報告書（それ）をまだ終えていない
◎心情：すみません

すみません。私は　終えていない　その報告書（それ）を　まだ。

《英語で表現すると……》

I'm sorry. I haven't finished the report [it] yet.
I'm sorry. I haven't completed the report [it] yet.

※ complete 〜：〜を完成させる
※ここでは「話題となっているその報告書」なので 'the report' または 'it' を用いる（'a report' とするとどの報告書のことか不明瞭）。

▶ 〜を提出する：submit 〜
　　<例> Have you submitted the report to your boss yet?
　　　　（あの報告書を上司に提出しましたか）
　　　　※日本語では「もう〜」と言いますが、英語では疑問文のときには 'yet' を用います（肯定文では 'already'）。

第 3 問

（突然、同僚に手伝ってほしいと頼まれて）
いやあ、ちょっと、今はねえ……。

ヒント

◇ 事実は？
◇ 心情は？
◇ 断るときにはその理由も添えるようにする。

J2 すみません。私は今あなたを手伝うことができない。(なぜなら私は忙しい。)

解説と英語表現例

《J2で考えると……》

◎事実：私は今あなたを手伝えない
　　　　※手伝えない理由を付け加える。
◎心情：すみません

すみません。私は　手伝えない　あなたを　今　(なぜなら私は　とても　忙しい)。

《英語で表現すると……》

I'm sorry. I can't help you now because I'm very busy.
Sorry. I'm too busy (to help you) now.

※ここでは、理由として「忙しい (be busy)」を入れた例
※同僚であれば "Sorry." だけでもよい。
※ 'too busy' を使えば、'to help you' を省略することもできる。

▶ too ～ to… は「とても～で…できない」という意味を表します。
　　＜例＞ I'm too tired to work now.
　　　　　(今はとても疲れていて仕事ができない)

J1

第4問

(信じられない話を聞いて)
ええ？　マジ？　何それ？

ヒント

◇ 事実は？
◇ 心情は？
◇ 主語は2通りの可能性

J2
①私はそれを信じることができない。
②それは信じがたいことだ。

解説と英語表現例

《J2で考えると……》

◎事実：私はそれを信じられない
　　　　それは信じがたいことだ
◎心情：本当？

本当？　私は　信じられない　それを。
本当？　それは　信じがたいことだ。

《英語で表現すると……》

① Really? I can't believe it.
② Really? It's unbelievable.
② Really? It's hard to believe.

▶ "It's unbelievable." の 'It's' を省略して、"Unbelievable!" ということもできます。

▶ 「信じられない」「冗談でしょ」という意味として、次のような言い方もあります。

・You must be joking.
・You must be kidding.
　※ 'kid' は「からかう、冗談を言う」という意味です。

第5部　調理法②　事実と心情を整理する

第5問

（パーティーに誘われて）
悪いな。せっかくなんだけど、ちょっと……。

ヒント

◇ 事実は？
◇ 心情は？
◇ 誘われたことを断るときには、声をかけてくれたことへのお礼を入れる。

J2 誘ってくれてありがとう。でも私はそのパーティーに行けない。(なぜなら私は約束がある。)

解説と英語表現例

《J2で考えると……》
◎事実:私はそのパーティーへ行けない
　　　　※行けない理由を付け加える。
◎心情:誘ってくれてありがとう

誘ってくれてありがとう。私は　行けない　そのパーティーへ（なぜなら　私は　約束がある）。

《英語で表現すると……》

Thank you for asking, but I can't come to the party because I have an appointment.

※ "Thank you f asking." で「誘ってくれてありがとう」
※ここでは理由として、「約束がある（have an appointment）」を入れた例

▶ 誘われたりしたときに「行けない」という場合の動詞は 'go' ではなく、'come' を用います。これは誘ってくれた相手の立場に立った丁寧な表現です。
▶ 「断る」場合に何も理由をつけないのは失礼になりますので、「約束がある」などの理由を必ず添えるようにしてください。

J1

第6問

（パーティーで料理を勧められて）
いやぁ、すみません。でも、もうこれ以上は……。

ヒント

◇ 事実は？
◇ 心情は？　ここでの「すみません」は謝罪？

J2 ありがとう。でも私は満腹です。

解説と英語表現例

《J2で考えると……》

◎事実：私は満腹だ

◎心情：ありがとう

ありがとう。でも　私は　満腹だ。

《英語で表現すると……》

Thank you, but I'm full.

Thank you, but I can't eat any more.

※ 'not 〜 any more' で「もう〜でない」という意味

▶ 日本語の「すみません」には謝罪と感謝の意味がありますので、英語で表現するときにはどちらなのかを判断して使い分ける必要があります。

▶ ここでの「すみません」を "I'm sorry." と謝罪するのは不自然です。勧めてくれたことへのお礼の意味なので、"Thank you." が適切です。

J1

第7問

（数日前のパーティーのことで）
あっ、先日はお誘いいただいてどうも……。

ヒント

◇ 事実は？
◇ 心情は？
◇ お誘いいただく：「〜を…へ招く（invite 〜 to …）」を使う

J2 私をパーティーへ招いてくれてありがとう。私はそれを楽しみました。

解説と英語表現例

《J2で考えると……》
◎事実：私はそのパーティーを楽しんだ
◎心情：パーティーへ招いてくれてありがとう

私をパーティーへ招いてくれてありがとう。私は 楽しんだ それを。

《英語で表現すると……》

Thank you for inviting me to the party. I enjoyed it.
※ 'enjoy' は目的語が必要なので、'it [the party]' をつける。
Thank you for inviting me to the party. I had a good time.

▶ お礼の対象を明確にするときには、'Thank you' の後に 'for 〜' をつけます。「〜してくれて」のように動詞がくるときには '〜 ing' の形にします。
　＜例＞ Thank you for the souvenir. （おみやげをありがとう）
　　　　Thank you for coming today. （今日は来てくれてありがとう）

第5部　調理法②　事実と心情を整理する

J1

第 8 問

（プレゼン内容について鋭い指摘を受けて）
そうですね、その点については何と申しますか……。

ヒント

◇ 事実は？
◇ 心情は？
◇ 質問や指摘に対しては、お礼を述べてから説明するのがよい。
   That's a good question.（それはいい質問ですね）
   Thank you for pointing it out.（ご指摘ありがとうございます）

J2
ご指摘ありがとうございます。私はまだその点を確認していません。

解説と英語表現例

《J2で考えると……》

◎事実：私はその点を確認していない

◎心情：ご指摘ありがとう

ご指摘ありがとう。私は　まだ確認していない　その点を。

《英語で表現すると……》

Thank you for pointing it out. I haven't checked it out.

※ check out 〜：〜を確認する

※ 'check out 〜' で、代名詞（ここでは 'it'）が目的語になる場合は語順が 'check it out' となる点に注意

▶ **To be honest（正直なところ）という表現**

鋭い指摘を受けたときに言葉を濁すことがありますが、このような場合は「調べていない、確認していない」ということを正直に伝えた方がよさそうです。そのような場合に、'To be honest' という表現を使うことができます。

　　<例> To be honest, I didn't know that.

　　　　（正直なところ、それを知りませんでした）

第9問

（余計な仕事を割り当てられそうになって）
いやぁ、参ったな。勘弁してくれよ。

ヒント

◇ 事実は？
◇ 心情は？
◇ 断るときには理由を添える。

J2 申し訳ない。私はそれをできない。（なぜなら私は今とても忙しい。）

解説と英語表現例

《J2で考えると……》

◎事実：私はそれをできない
　　　　※断る理由を付け加える。
◎心情：申し訳ない

申し訳ない。私は　できない　それを　（なぜなら　私は　今とても忙しい）。

《英語で表現すると……》

I'm sorry, but I can't do it because I'm very busy now.
Sorry, but I have many things to do now.

※ここでは、「今はとても忙しい」「やるべきことがたくさんある」という理由を入れた例

▶ beyond me という表現

'beyond' は「〜を越えて」という意味で、この表現は「私を越えて」ということから、「私の能力、理解力を超えて」という意味になります。

　＜例＞ The job is beyond me.
　　　　（その仕事は私の手に負えない）

J1

第10問

（過去の失敗をしつこく言われて）
おい、またかよ。いい加減にしてくれよ。

ヒント

◇ 事実は？
◇ 心情は？

J2 それについて話さないでくれ。私はそれを何回も聞いた。

解説と英語表現例

《J2で考えると……》

◎事実：私はそれを何回も聞いた

◎心情：それについて話さないでくれ

それについて話さないでくれ。私は 聞いた それを 何回も。

《英語で表現すると……》

Stop talking about it. I've heard it many times.

※ 'too many times' とすれば、「聞き飽きた」という意味がさらに伝わる。

Stop it, please. Don't bring up the past.

※ 'bring up the past' で「過去のことを持ち出す」という意味
※ 'please' をつけるのは「頼むから……」という意味合い

▶「いい加減にしてくれ！」の別の表現

しつこく言う相手に対する苛立ちを表す表現として、次のような言い方もあります。

- That' enough.（もう十分だ）
- Not that again.（またその話かよ）
- Come on!（うんざりだ！）

※ "Come on!" は言い方（イントネーション）によっていろいろな意味になります。

第5部 調理法② 事実と心情を整理する

調理法②のまとめ
（事実と心情を整理する）

①言いたいことの中にはしばしば事実と心情が混在している。

②この２つが混在したままの日本語をそのまま英語で表現しようとしてもうまくいかないことが多い。
　そのまま表現するにはかなり高度な英語力が求められる。

③事実と心情を整理して英語で表現することを心がける。

④特に、断るときには理由を説明するために、'because 〜' を付け加えるようにするとよい。

▶ いかがでしたか。状況や場面が異なっても、事実と心情を整理することで伝えたいことが明確になります。

▶ 日本語の巧みな言い回しをそのまま英語で表現しようとして行き詰まるのではなく、そこに何が含まれているのかを整理することが、英語での自己表現を助けることにつながります。

➡ 次は、調理法③「省かれている語句を補足する」です。

Coffee Break ❷

"Why 〜?" と「なぜ？」について

　英語において "Why 〜?" という問いかけとそれに対する応答は非常に重要なことと考えられています。理由や根拠を説明することができなければ議論が深まらないからです。ディベート（debate）はこの典型的な例です。ディベートでは、あるテーマに対して賛成側と反対側に分かれ、いかに説得力ある論理展開ができるかが求められます。

　日本語にも「なぜ？」という問いかけがありますが、その受け止められ方は英語の "Why 〜?" とはかなり異なる点が見られます。日本では、この質問は力関係（年齢、地位）が上の人から下へ向けられることが多く、しかも客観的に理由や根拠を尋ねるというよりは、「私に反対なのか？」というようなニュアンスを含んでいることが少なくありません。このことは、日本において説明責任ということが長い間問われてこなかったことの理由の1つと言えそうです。「なぜ？」がなければ説明する力も育まれないからです。

　英語でコミュニケーションを行う場面では、相手と共有している前提がしばしば異なります。そのような状況では、"Why 〜?" "Because 〜" というやりとりが非常に大切な意味を持つことになります。

調理法③
省かれている語句を補足する

省略されている部分を見極める

①省略されているものの種類
1　日本語の言語的特徴に基づく省略
　　・主語や目的語の省略
2　日本社会における前提の共有に基づく省略
　　・慣習や価値観の多くを共有している相手には、いちいち説明しなくてもコミュニケーションが成立
　　・異なる背景を持つ人とのコミュニケーションでは丁寧な説明が必要（異文化間コミュニケーション）

②日本社会で暮らし、日本語でコミュニケーションしているときには、上記１、２はいちいち言わなくてもすまされる。

▶ 日本語でやりとりしているときには何の問題もないことが、英語で表現しようとしたときにはあらためて認識しなければならないことになります。これを怠ると英語でのコミュニケーションにおいてしばしば支障をきたすことになります。
▶ 本書では特に上記①の１に焦点を当てます。

第5部 調理法③ 省かれている語句を補足する

「誰が」「何を」の顕在化

＜Ｊ１：映画好きの２人の会話＞

Ａ：あの映画、見た？
Ｂ：まだ見てないわ。
Ａ：けっこういいわよ。
Ｂ：そう、じゃ、見てみる。

＜Ｊ２：「誰が」「何を」を顕在化＞

Ａ：(あなたは) あの映画を見た？
Ｂ：(私は)(それを) まだ見てないわ。
Ａ：(それは) けっこういいわよ。
Ｂ：そう、じゃ、(私は)(それを) 見てみる。

▶ 日本語ではひとたび話題が提供されると、それを繰り返し言わなくも「了解した前提」として会話が進むことがしばしばありますが、英語で表現する場合は勝手に省くことはできません。

➡ 次に練習問題を用意しましたので、主語や目的語を明確にして英語で表現してみてください。

J1

第 1 問

（やっかいな仕事のことで悩んでいる友人に）
心配ないさ。君ならできるよ。

ヒント

◇ 「できる」の目的語は何かを考えてみる。
◇ 心配する：worry

J2 心配するな。君はそれをすることができる。

解説と英語表現例

《J2で考えると……》

◎隠れた目的語の明確化

「できる」の目的語＝「それ（その仕事）」

心配するな。きみは　することができる　それを。

《英語で表現すると……》

Don't worry. You can do it.

※「～について心配する」という場合は、'worry about ～'となる。

　Don't worry about that.（それは心配しなくていいよ）

▶ Take it easy. という表現

「心配するな」という意味で "Take it easy."（気楽に行けよ）という表現を用いることもできます。この 'it' はその場で話題になっていることを漠然と指しています。

　＜例＞ Take it easy. Everybody makes mistakes.

　　　　（気楽に行けよ。誰にでも間違いはあるさ）

第5部　調理法③　省かれている語句を補足する

第2問

（評判のスマートフォンについての会話で）
昨日、買ったよ。

ヒント

◇ 主語は？
◇ 目的語は？
◇ 基本語順では「時」は原則として文末

J2 私は昨日それ（そのスマートフォン）を買った。

解説と英語表現例

《J2で考えると……》

◎隠れた主語と目的語の明確化

主語＝「私」

目的語＝「それ」「そのスマートフォン」

私は　買った　それ（そのスマートフォン）を　昨日。

《英語で表現すると……》

I bought it yesterday.

I bought the smartphone yesterday.

※特定の 'smartphone' が話題になっている状況なので、'it' で表現する方が望ましいが、'the smartphone' も可能

Yesterday, I bought it.

※特に「昨日」を強調したいときは文頭に置く。

▶ 'smartphone' という語を用いるのであれば、「ここで話題となっている特定の」を表すために 'the' をつけます。'a smartphone' と言うと話題となっているものとは限らず、「スマートフォンならどれでも」という意味になります。

第 3 問

（評判のお店についての会話で）
あそこはおいしいよ。

ヒント

◇ 「あそこ」＝「おいしい」は英語では不自然
◇ 主語は？　2通りの可能性
◇ おいしい：tasty / delicious

J2
① そのレストランの料理はおいしい。
② そのレストランはおいしい料理を出す。

解説と英語表現例

《J2で考えると……》

① 「そのレストランの料理」を主語とする場合

そのレストランの料理は　おいしい。

② 「そのレストラン」を主語とする場合

そのレストランは　出す　おいしい料理を。

《英語で表現すると……》

① The food at the restaurant is delicious [tasty].
② The restaurant serves delicious food.

※ 'serve' は「食べ物などを出す、提供する」という意味

▶ 日本語では「その店はおいしい」と言えますが、そのまま英語で "The shop is delicious." というのは不自然な表現になります。「お店を食べること」はできません。

J1

第4問

（新作のゲームの話で）
やったことある？

ヒント

◇ 主語は？
◇ 目的語は？
◇ 〜したことがある：'have + 過去分詞'（経験を表す形）
◇ 「経験」を尋ねるときは、'ever'（かつて）や 'before'（以前に）を一緒に用いることが多い。

J2 君はそれ（そのゲーム）をしたことがあるか？

解説と英語表現例

《J2で考えると……》

◎隠れた主語と目的語の明確化

主語＝「君」

目的語＝「それ」「そのゲーム」

君は　したことがあるか　それ（そのゲーム）を。

《英語で表現すると……》

Have you ever played it [the game]?

Have you played it before?

※ 'have + 過去分詞' のときの疑問文は 'have' を文頭に出す。

※ "Did you play it?" のように過去形を用いると「〜したか」というだけの意味で、「〜したことがあるか」という今までの経験を尋ねるときは 'have + 過去分詞' の形がよい。

▶ 'have + 過去分詞'（現在完了）は、現在との関わりを意識した表現形式で、上記の＜経験＞の他に次のような働きもあります。

・I have (just) finished lunch. ＜動作の完了＞
　　（今ちょうど昼食を食べたところだ）

・I have known him since he was a child. ＜状態の継続＞
　　（彼が子供の時から彼のことを知っている）

J1

第 5 問

（新作映画についての話題で）
見たよ。でも、面白くなかったな。

ヒント

◇ 前半と後半で異なる主語
◇ 誰が、何を、見た？
◇ 「面白くなかった」のは何？

> **J2** 私はそれ（その映画）を見た。それは面白くなかった。

解説と英語表現例

《J2で考えると……》

◎隠れた主語と目的語の明確化

　前半：主語＝「私」

　　　　目的語＝「それ」「その映画」

　後半：主語＝「それ」

私は　見た　それ（その映画）を。それは　面白くなかった。

《英語で表現すると……》

I saw it [the movie], but it wasn't interesting.

※ "I saw the movie, but the movie wasn't interesting." のように同じ名詞（the movie）を繰り返すのは、英語ではよくないこととされている。

▶ 英語では同じ語句を繰り返し使うことを避けるために、代名詞をいかに使いこなすかが大切です。

▶ ただし、その代名詞が何を指しているかがあいまいにならないように気をつけてください。やたらと使いすぎると何のことを指しているのかが相手にわからなくなります。

※代名詞の指すものがあいまいでわかりにくいときには、もとの名詞を繰り返すとよいでしょう。

J1

第6問

（新製品の広告を見て）
いいな。買いたいな。

ヒント

◇ 前半と後半で異なる主語
◇ 「いい」のは何？
◇ 「買いたい」のは誰が、何を？
◇ 新製品：new product

J2 この新製品はいい。私はそれを買いたい。

解説と英語表現例

《J2で考えると……》

◎隠れた主語と目的語の明確化
　前半：主語＝「この新製品」
　後半：主語＝「私」
　　　　目的語＝「それ」

この新製品は　いい。私は　買いたい　それを。

《英語で表現すると……》

This new product is good. I want to buy it.
This new product looks good. I want to buy it.
This new product seems good. I want to buy it.

▶ be 動詞と似た働きをするものとして、look や seem があります。be 動詞を用いると「〜だ」という断定的な言い方になるのに対して、'look' は「〜のように見える」、'seem' は「〜のようだ」という意味になり、断定的な言い方を和らげることができます。

第 7 問

（通学時に電車の事故で）
遅刻しちゃうよ。

ヒント

◇ 誰が？
◇ 遅刻する＝遅れる：be late
◇ 遅刻する対象を明確にする場合は 'be late for ～'

J2 私は（学校に）遅れそうだ。

解説と英語表現例

《J2で考えると……》

◎隠れた主語の明確化

主語＝「私」

私は　遅れそうだ　（学校に）。

※「遅れそうだ」と「遅れている」の違いに注意

《英語で表現すると……》

I will be late (for school).

※この場合、'school' の前には冠詞（a / the）をつけない。
※「仕事に遅れる」は 'be late for work' となる。

- ▶ "I'm late." は「（すでに）遅れている」という意味になります。
- ▶ 'late' には「遅い・遅れた」（形容詞）と「遅く」（副詞）があり、次のような形で使います。

  ＜例＞ late comer（遅れてきた人、遅刻者）

  　　　　come late（遅れて来る）

第 8 問

（新たな提案をした同僚に）
面白いね、でも現実的じゃないと思うよ。

ヒント

◇ 前半と後半で異なる主語
◇ 「面白い」のは何？
◇ 「思う」のは誰？
◇ 「現実的じゃない」のは何？
◇ 現実的でない：not realistic
◇ 提案：suggestion

J2 それ（君の提案）は面白い、しかし私はそれが現実的だと思わない。

解説と英語表現例

《J2で考えると……》

◎隠れた主語と目的語の明確化

前半：主語＝「それ（君の提案）」

後半：主語＝「私」

　　　目的語＝「それ」

それ（君の提案）は　面白い。しかし　私は　思わない　それが　現実的だと。

《英語で表現すると……》

It's [Your suggestion is] interesting, but I don't think it's realistic.

※英語では否定語をなるべく文頭に近いところに出す傾向があるために、"I think it's not realistic." としないのが普通。

▶ この 'think' のような使い方をする動詞の仲間として、believe や suppose などがあります。

・I don't believe it's true.（それは本当ではないと思う）

・I don't suppose it's good.（それはよくないと思う）

※ただし、動詞によっては 'not' を前に出さないものもあります。

・I hope it'll not rain tomorrow.（明日は雨が降らないといいな）

第 9 問

(研修会で説明を聞いて)
わかんないなぁ。難しすぎるよ。

ヒント

◇ 前半と後半で異なる主語
◇ 「わからない」のは誰？ 何を？
◇ 「難しすぎる」のは何？
◇ 説明：explanation
◇ 難しすぎる：too difficult

J2 私はそれ（その説明）を理解できない。それは難しすぎる。

解説と英語表現例

《J2で考えると……》

◎隠れた主語と目的語の明確化

前半：主語＝「私」

目的語＝「それ（その説明）」

後半：主語＝「それ」

私は　理解できない　それ（その説明）を。それは　難しすぎる。

《英語で表現すると……》

I can't understand it [the explanation]. It's too difficult.

It's beyond me.（それは私の理解を超えている）

※ 'beyond 〜' は「〜を越えて」という意味で、「〜の能力を超えて」という意味を表す。

※ 'beyond 〜' の使い方は p.95 参照。

▶ too と very の違いに注意

'too' は否定的な意味を持ち、'very' は単に程度を示します。

・It's too difficult.（難しすぎる → 理解できない）

・It's very difficult.（とても難しい → 理解できる、できないは別）

第 10 問

（盛り上がっている友人たちに）
楽しそうじゃない。何の話？

ヒント

◇「楽しそう」なのは誰？
◇ 楽しそう：look happy
◇ 何の話？：誰が話しているのか？

J2 君たちは楽しそうだ。何を君たちは話しているのか？

解説と英語表現例

《J2で考えると……》

◎隠れた主語の明確化

主語＝「君たち」

君たちは　楽しそうだ。何を　君たちは　話しているのか。

《英語で表現すると……》

You look happy. What are you talking about?

※ここで "You're happy." と be 動詞を使うと断定的な言い方になるので不自然。ここでは 'look 〜'（〜のように見える）がよい。

> ▶ **「一語文」に注意**
> 日本語では「きれい」「幸せ」のように一語だけで文のように独立して用いることができますが、英語で表現する場合には、「誰（何）が」という主語を明確にすることが大切です。

第5部　調理法③　省かれている語句を補足する

調理法③のまとめ
（省かれている語句を補足する）

①日ごろ無意識に使っている日本語では、主語や目的語はほとんど隠れている。

②英語で表現するときには、主語や目的語を明確にしなければならない。＜調理法①（使える語順を身につける）の再認識＞
・「～は（が）」＋「～だ」
・「～は（が）」＋「～する」（＋「～を」）

③「隠れた前提」への配慮
　前提を共有していない相手には丁寧な説明が必要（異文化間コミュニケーション）

▶ 無意識に使っている日本語（J1）では見えにくい主語や目的語を補うことができたでしょうか。

➡ 次は、調理法④「おまけ部分は削除して核心部分を述べる」です。

Coffee Break ❸

英語の単語は基本的に多品詞

　日本語では1つの単語は1つの品詞の働きですが、英語では1つの単語がしばしば複数の品詞の働きを持ちます。例えば、次のような例です。

＜例＞日本語：手（名詞）

　　　英　語：hand（名詞）手

　　　　　　　（動詞・他動詞）〜を手渡す

　　　　　　　　※辞書では通常、動他のように表示

　この多品詞ということを理解していないと英文の理解に支障をきたすことがあります。次の英文はどういう意味でしょうか。

　・I water some flowers in the garden.

　・I milk the cow.

　英語の基本語順が「主語＋動詞」であることを踏まえると、'water' と 'milk' はそれぞれ動詞の働きを持っていることになります。

　・water 〜：〜に水をやる

　・milk 〜：〜の乳を搾る

　単語の多くが多品詞であることを認識することは、英文を理解する上で大変重要なことです。

調理法④
おまけ部分は削除して核心部分を述べる

伝えたいことの核心部分を意識する

① 日ごろの日本語でのやりとりの中には、伝えたいことの核心部分と「おまけ」の部分がある。

②「おまけ」の代表的なもの
・繰り返しや相手の注意を喚起する表現など

③ 情報の優先順位（一番伝えたいこと）を意識する。
・「おまけ」の部分に振り回されないようにする。

▶「おまけ」と表現した部分はどうでもいいということではありません。実際のやりとりの中ではそれぞれの働きをしています。

▶ しかし、それらに気を取られて一番伝えたいことがおろそかになることを避けるために、伝えたいことの核心部分を意識することが大切です。

2人の会話例

＜J1＞

A：ねえ、ねえ、あの映画、どうだった？
B：あっ、あれね。聞いてよ、それがさ、もう最低だったわ。
A：ええ？　ホント？　どういうこと、それ？
B：何ていうか、もう、ストーリーがお粗末だったわ。

＜J2＞ 情報の核心部分

A：あの映画はどうだった？
B：最低だった。
A：どうして？
B：ストーリーがお粗末だった。

▶ 核心部分だけを取り上げると、言いたいことが明確になります。
▶ 一字一句を英語で表現しようとして口ごもってしまうことを避けるために、まずは核心部分を伝えることが大切です。

➡ 次に練習問題を用意しましたので、情報の優先順位を意識して英語で表現してみてください。

第 1 問

（コンサートの感想を求められて）
聞いて、聞いて。それがね、
なんて言うか、もう素晴らしかったわ。

ヒント

◇ 「おまけ」と「核心部分」を見極める。
◇ 核心部分を英語で表現
◇ 核心部分の主語は？
◇ 素晴らしい：great / wonderful

J2 それ（そのコンサート）は素晴らしかった。

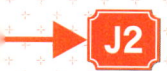

解説と英語表現例

《J2で考えると……》
◎核心部分：素晴らしかった
◎主語＝「それ（そのコンサート）」

それ（そのコンサート）は　素晴らしかった。

《英語で表現すると……》
It was great [wonderful].
The concert was great.

※この女性が行ったコンサートが話題になっているので、通常は代名詞の 'It' を主語にする。「そのコンサート」という意味で 'The concert' とすることもできる。

▶「素晴らしい」という意味の形容詞は他にもたくさんありますが、'great' はプラスのイメージの形容詞としてほぼどのような場面でも使うことができます。

▶ 1つの形容詞を中心にして、似た意味の語を使い分けていくと、表現力の幅が広がります。

＜例＞ amazing（驚くほどすごい）/ excellent（優れた）
gorgeous（豪華ですごい）/ perfect（完璧な）

第5部　調理法④　おまけ部分は削除して核心部分を述べる

J1

第 2 問

（海外旅行の感想を求められて）
まあ、悪いってわけじゃなかったけど、
まあまあっていう感じだったわね。

ヒント

◇ 「おまけ」と「核心部分」を見極める。
◇ 核心部分の主語は？
◇ 核心部分を英語で表現
◇ まあまあの：so-so

J2 それ（その旅行）はまあまあだった。

解説と英語表現例

《J2で考えると……》
◎核心部分：まあまあだった
◎主語＝「それ（その旅行）」

それ（その旅行）は　まあまあだった。

《英語で表現すると……》

It [The trip] was so-so.

※「悪くはなかった」ということから、"It was not bad." という言い方も使えそうだが、'not bad' は「けっこういい」「案外いい」という意味で用いられることが多いので注意。

▶ "It was OK." という言い方もできます。日本語では 'OK' を「よい」という意味で使うことがよくありますが、英語では「そこそこの」という意味合いを持ちます。

第5部　調理法④　おまけ部分は削除して核心部分を述べる

J1

第 **3** 問

なんだかんだ言ったってさ、
あいつは君のことが好きなんだと思うよ。

ヒント

◇ 「おまけ」と「核心部分」を見極める。
◇ 核心部分の主語は？
◇ 核心部分を英語で表現
◇ 〜だと思う：I think (that) 主語＋動詞〜

J2 私はあいつが君を好きだと思う。

解説と英語表現例

《J2で考えると……》

◎核心部分：あいつは君のことが好きなんだと思う

◎主語＝「私」

私は　思う　あいつは　好きだ　君を。

《英語で表現すると……》

I think (that) he likes you.

※「〜だと思う」という 'think that 〜' の 'that' は省略可能

▶ **I am afraid (that) 〜 という表現**

'that'以下の内容が相手にとって好ましくない情報の場合には、「残念ながら」という意味合いを伝えることができます。

＜例＞ I'm afraid (that) she won't come to the party.

（残念ながら、彼女はパーティーには来ないと思うよ）

※ won't は will not の短縮形

第5部　調理法④　おまけ部分は削除して核心部分を述べる

第4問

そりゃないだろう、今さら……。約束は守れよ。

ヒント

◇ 「おまけ」と「核心部分」を見極める。
◇ 核心部分を英語で表現
◇ 約束を守る：keep one's promise

J2 約束を守れよ。

解説と英語表現例

《 J 2 で考えると……》

◎核心部分：約束を守れ

◎命令文は動詞で始める。

守れ　約束を。

《英語で表現すると……》

Keep your promise.

Keep your word. （'promise' の代わりに 'word' も可）

※命令文の語気を多少和らげるために、'please' をつけることもできる。

▶ **約束に関する表現**

・約束をする：make a promise

・〜するという約束をする

　I promise you to return it tomorrow. （明日それを返すと約束するよ）

・約束を破る：break one's promise [word]

J1

第 5 問

（同僚に向かって）
おい、まずいんじゃないの。
あの報告書、上司にはやいこと出した方がいいぞ。

> **ヒント**
> ◇ 「おまけ」と「核心部分」を見極める。
> ◇ 出す＝〜を…に提出する：submit 〜 to …
> ◇ 報告書：report

J2 君はあの報告書を上司にすぐに提出した方がいい。

解説と英語表現例

《J2で考えると……》

◎核心部分：あの報告書を上司にすぐに提出した方がいい

◎主語＝「君」

君は 提出した方がいい 上司に あの報告書を すぐに。

《英語で表現すると……》

You should submit the report to your boss at once.

※ 'should' には「提案」の意味合いがある。

※「あの報告書」と限定しているので 'the report' となる。

You had better submit the report to your boss at once.

> ▶ **had better に注意**
> この表現はしばしば「〜したほうがいい」という訳語が当てられるために、「提案」のようなつもりで使ってしまいそうですが、実際は提案というよりも、**「そうしないと大変なことになる」という意味合い**があります。目上の人や初対面の人に対しては使わないようにしてください。

第5部 調理法④ おまけ部分は削除して核心部分を述べる

J1

第6問

（同僚に向かって）
おい、ぐだぐだしてないでさ、
すぐに医者に診てもらえよ。

ヒント

◇ 「おまけ」と「核心部分」を見極める。
◇ 医者に診てもらう：see a doctor

J2 すぐに医者に診てもらえ。

解説と英語表現例

《J2で考えると……》
◎核心部分：すぐに医者に診てもらえ
◎命令文または 'You should [had better]' の形も可
医者に診てもらえ　すぐに。

《英語で表現すると……》
See a doctor at once.
You should see a doctor at once.
You had better see a doctor at once.

医者のいろいろ
- 医者を表す最も一般的な語：doctor
- 内科医：doctor / physician
- 外科医：surgeon
- 小児科医：pediatrician / children's doctor
- 歯科医：dentist
- 獣医：veterinarian（会話ではしばしば vet と略される）

第7問

（週末に出かける予定の話で）
それはそれとして、とりあえずどこで待ち合わせる？

ヒント

◇ 「おまけ」と「核心部分」を見極める。
◇ 〜と待ち合わせる：meet 〜
◇ 場所を尋ねる疑問文は "Where 〜 ?"

J2 どこで私たちは会うことにしようか？

解説と英語表現例

《J2で考えると……》
◎核心部分：どこで待ち合わせるのか
◎主語＝「私たち」

どこで　私たちは　会うことにしようか。

《英語で表現すると……》

Where are we going to meet?
※ 'be going to 〜' は予定を表す言い方
Where shall we meet?

▶ **Shall we 〜 ? という表現**

"Shall we 〜?" は「〜しましょうか」というように相手の意向を尋ねたり確認したりする言い方です。次のように待ち合わせ時間の確認にも使えます。

What time shall we meet?（何時に会いましょうか）

J1

第 8 問

(同僚に向かって)
しょうがないな、ほら、アポに遅れるぞ。

ヒント

◇「おまけ」と「核心部分」を見極める。
◇ アポ:アポイントメント (appointment:約束) の略
◇ 遅れる:be late
◇ 前半部分をあえて表現するとしたら……

J2 急げ、さもないと約束に遅れるぞ。

解説と英語表現例

《J2で考えると……》

◎核心部分：約束に遅れるぞ

◎前半部分：急げ

急げ　さもないと　約束に遅れるぞ。

《英語で表現すると……》

Hurry up, or you'll be late for the appointment.

※命令文の後に、'or' をつけると「～しなさい、さもないと…」という意味を表す。

▶ **カタカナ語に注意**

ここでの「アポ」のように、英語の単語を一部省略した語句が広く使われています。日ごろからカタカナ語に注意し、本来の表現を確認することで、誤った和製英語の使用を防ぐことができます。

<例> アパート：apartment house
デパート：department store
パソコン：personal computer
セクハラ：sexual harassment

第5部　調理法④　おまけ部分は削除して核心部分を述べる

第9問

（会議の後で）
そうだな、まあ、いろいろあるけど、君に賛成だよ。

ヒント

◇「おまけ」と「核心部分」を見極める。
◇ 核心部分の主語は？
◇ 〜に賛成する：agree with 〜

J2 私は君に賛成だ。

解説と英語表現例

《J2で考えると……》
◎核心部分：君に賛成する
◎主語＝「私」
私は　賛成する　君に。

《英語で表現すると……》
I agree with you.
I agree with your idea.（考え）
　　　　　　　　　suggestion.（提案）

▶「賛成・反対」に関する表現
・それに賛成（反対）だ：I'm for [against] it.
・〜に反対する：disagree with 〜
・賛否両論：pros and cons
・〜に賛成（反対）票を投じる；vote for [against] 〜

第10問

そうね、何というか、
まあとりあえず、ちょっと考えておきましょう。

ヒント

◇「おまけ」と「核心部分」を見極める。
◇ 核心部分の主語は何？
◇ 〜について考える：think about 〜

J2 私はそれについて考えておきます。

解説と英語表現例

《J2で考えると……》

◎核心部分：それについて考えておく

◎主語＝「私」

私は　考えておく　それについて。

《英語で表現すると……》

I'll think about it.

※「考えておく」は話者の意志を表しているので 'will' を入れる。
※ 'will' は「〜するつもり」（意志）の他に、「〜だろう」（未来）も表す。

▶ **'think' を用いたいろいろな表現**
- think over 〜：〜をよく考える
- think much of 〜：〜を重視する
- think highly of 〜：〜を高く評価する
- think little of 〜：〜を軽視する、軽んじる

J1

第 11 問

あぁ、それね。なんてことはない、
結局は彼の誤解だったわ。

ヒント

◇ 「おまけ」と「核心部分」を見極める。
◇ 核心部分の主語は何？
◇ 結局は：after all
◇ 誤解：misunderstanding

J2
①結局、それは彼の誤解だった。
②結局、彼がそれを誤解していた。

解説と英語表現例

《J2で考えると……》

◎核心部分：結局、彼の誤解だった
◎主語＝「それ」または「彼」

結局　それは　彼の誤解だった。
結局　彼が　それを誤解していた。

《英語で表現すると……》

① After all, it was his misunderstanding.
② After all, he misunderstood it.

※「結局」は次のような言い方もある。
・Eventually, 〜
・In the end, 〜

▶ **「誤解」に関する表現**
・誤解を招く：cause misunderstanding
　His words caused misunderstanding.（彼の言い方が誤解を招いた）
・〜の誤解を解く：clear 〜 's misunderstanding
　She cleared his misunderstanding.（彼女は彼の誤解を解いた）

第 12 問

(優柔不断な友人に)
あれこれ言ってないでさ、
そろそろ決断したらどうなんだよ。

ヒント

◇ 「おまけ」と「核心部分」を見極める。
◇ 核心部分の主語は何？
◇ 決断する：make up one's mind
◇ ここでの「そろそろ」とは？

J2　今決断しなさい。

解説と英語表現例

《J2で考えると……》

◎核心部分：今決断しなさい

※ここでの「そろそろ」は「今」という意味と考えられる。

◎主語＝「君」

決断しなさい　今。

《英語で表現すると……》

Make up your mind now.

You should make up your mind now.

※ 'should' はしばしば「〜すべき」という訳語があてられるが、「〜してはどうか」という提案の意味も持つ。

▶ **優柔不断な：indecisive**

'indecisive' は 'decide'（〜を決める）という動詞から派生した語です。'in-' は反対の意味を示すもので、'decisive' は「決定的な、決断力のある」という意味を表します。

　＜例＞ He is indecisive.（彼は優柔不断だ）

第 13 問

（仕事で悩んでいる友人に）
それはわからないじゃないけど、
とりあえず上司に相談してみたらどう？

ヒント

◇ 「おまけ」と「核心部分」を見極める。
◇ 核心部分の主語は何？
◇ ～に相談する：talk with ～ / discuss … with ～
◇ 上司：boss
◇ ～したらどうか：How about ～？
　　　　　　　　 Why don't you ～？

J2 あなたは上司と話してみたらどう？

解説と英語表現例

《J2で考えると……》

◎核心部分：上司と話してみたらどうか

◎主語＝「あなた」

あなたは上司と話してみたらどうか。

《英語で表現すると……》

How about talking with your boss?

Why don't you talk with your boss?

※ 'discuss' を用いる場合は、話し合う対象（ここでは 'it'）を入れる必要がある（'discuss about 〜' と 'about' をつけないこと）。

How about discussing it with your boss?

▶ **Why don't you 〜？という表現**

"Why 〜?" は「なぜ」という理由を尋ねるときに用いる語ですが、"Why don't you 〜?" で「どうして〜しないのですか」ということから、**「〜してみてはどうですか」という提案の意味**を表すことができます。

J1

第 **14** 問

（何も決まらなかった会議の後で）
まったく何やってんだか……
時間の無駄だったよ。

ヒント

◇ 「おまけ」と「核心部分」を見極める。
◇ 核心部分の主語は何？
◇ 時間の無駄：a waste of time

J2 その会議は時間の無駄だった。

解説と英語表現例

《J2で考えると……》

◎核心部分：時間の無駄だった

◎主語＝「その会議」

その会議は　時間の無駄だった。

《英語で表現すると……》

The meeting was a waste of time.

※ 'waste' には「〜を無駄にする、浪費する」という動詞もある。
　We wasted time in the meeting.

▶「浪費」のいろいろ
- お金の浪費：a waste of money
- 電力の浪費：a waste of electricity
- 天然資源の浪費：a waste of natural resources
- 労力の浪費：a waste of effort

第5部　調理法④　おまけ部分は削除して核心部分を述べる

第15問

（お願いごとを断られて）
まいったな……、なんとかそこをひとつ頼むよ。

ヒント

◇「おまけ」と「核心部分」を見分ける。
◇ 核心部分の主語は何？
◇「そこをひとつ頼む」をそのままの形で英語にはしにくい。その意味するところは何か？

J2 私は君の支援が必要だ。

解説と英語表現例

《J2で考えると……》

◎核心部分：そこをひとつ頼む＝君の支援が必要だ

◎主語＝「私」

私は　必要だ　君の支援が。

《英語で表現すると……》

I need your help.

I need your support.

I want you to help me.

※ 'want 人 to ～' で「人に～してほしい」という意味

※ "I want you to ～ ." よりも "I would like you to ～ ." の方が丁寧

▶「支援」のいろいろ

- 財政支援：financial support
- 経済支援：economic assistance
- 人道的支援：humanitarian assistance
- 食糧支援：food aid
- 技術的支援：technical support

第5部　調理法④　おまけ部分は削除して核心部分を述べる

調理法④のまとめ
（おまけ部分は削除して核心部分を述べる）

①情報の優先順位を明確にする。
   1 一番伝えたいことは何か。
   2 「おまけ」と「核心部分」を見極める。

②一字一句をそのまま英語で表現しようとしない。
   1 「おまけ」の部分に振り回されないように注意する。
   2 核心部分を英語で表現する。

> 日ごろの日本語生活においても、「言いたいことは何なのか」を明確にする習慣をつける。

※日ごろの日本語生活を考える視点は第7部を参照

➡ 次は、調理法⑤「日本語の慣用表現・比喩表現や伝統的な文物は言い換える」です。

調理法⑤
日本語の慣用表現・比喩表現や伝統的な文物は言い換える

日本の文化的色彩の強いものへの対応

＜そのまま英語に置き換えても意味不明になる代表的なもの＞

①日本語の慣用表現・比喩表現

日本語を使って生活している人には理解される言い回し

＜例＞腕を上げたね。

猫の手も借りたいよ。

②日本の伝統的な文物

社会的慣習や文化的行事

＜例＞おせち

お年玉

▶ これらはいずれも日本の文化的背景を強く持っているものなので、そのまま文字通り英語に置き換えても理解されにくいものです。

慣用表現・比喩表現の処理

①そのままを英語で表現しても通じない。

<例>腕を上げたね。(J1)

→ You raised your hand.

(文字通り「挙手した」という意味になる)

②慣用表現や比喩表現が「意味すること」を英語で表現する。

<例>腕を上げたね。(J1)

上手になった。(J2)

⇩

You have improved.

(improve：上手になる、上達する)

▶ 日本人同士でも、世代の違いなどによって理解されにくい慣用表現や比喩表現があります。そのようなときには、わかりやすい言い方に言い換えなければなりません。これと同じ要領で、その意味するところを英語で表現するようにします。

日本の伝統的な文物の説明

①相手の文化に同様のものがない場合

2段階の情報で説明する。

　　＜第1段階＞大きな分類（カテゴリー）を示す。
　　　　　　　食べ物、衣類、祭り、贈り物 など
　　＜第2段階＞補足情報（特徴など）を付け加える。
　　　　　　　時期、形、色、味 など

②相手の文化にそれに類似するものがある場合

「あなたの文化で～のようなもの」という言い方で、おおよそのイメージを伝える。

It's like ～ in your culture.（'like' は「～のような」）

▶ いきなり細かい説明をするのは混乱を招く可能性があります。
▶ 大事なことは、まずはそれがだいたいどんなものなのかということを伝えることです。その後で特徴などの補足情報を少し付け加えるようにします。

➡ 次に練習問題を用意しましたので、言い換えの調理法で対応してみてください。

J1

第 1 問

ユミは英語がペラペラだ。

ヒント

◇「ペラペラ」とはどのような状態？

J2 ①ユミは英語を上手に話す。
②ユミは英語を話すのがうまい。

解説と英語表現例

《J2で考えると……》

◎英語がペラペラ

⇒ 英語を上手に話す、英語を話すのがうまい

ユミは 英語を上手に話す。

ユミは 英語を話すのがうまい。

《英語で表現すると……》

① Yumi speaks English well.
② Yumi is good at speaking English.
Yumi is a good speaker of English.
Yumi is fluent in English.
Yumi is a fluent speaker of English.

※ fluent：流暢な、なめらかな

▶ **be good at ～という表現**
「～がうまい、得意だ」という意味を表す表現です。「～することが」のように動詞がくるときは ing 形になります。

▶ be poor at ～で「～が下手だ、苦手だ」という意味になります。
　＜例＞ I'm poor at singing.（私は歌うのが苦手だ）

第 2 問

(ワールドカップサッカーの話で)
手に汗握る試合だったよ。

> **ヒント**
>
> ◇「手に汗握る試合」とはどんな試合?

J2
① それはわくわくする試合だった。
② その試合はわくわくさせるものだった。

解説と英語表現例

《J2で考えると……》

◎手に汗握る
　⇒ わくわくするような、スリルに満ちた、すごい
◎主語＝「それ」「その試合」

それは　わくわくする試合だった。
その試合は　わくわくさせるものだった。

《英語で表現すると……》

① It was an exciting [thrilling / great] game.
② The game was exciting [thrilling / great].

▶ **exciting と excited の使い分け方**
　'exciting' は「(人を) わくわくさせるような」、'excited' は「(人が) わくわくして」という意味になります。

▶ このような違いは、感情の動きを表す動詞に共通しています。
　＜例＞ surprise ～：～を驚かせる
　　　　 surprising：(人を) 驚かせるような
　　　　 surprised：(人が) 驚いて

第5部　調理法⑤　日本語の慣用表現・比喩表現や伝統的な文物は言い換える

第 3 問

そのパーティーに行くのは気が進まないよ。

ヒント

◇「気が進まない」とはどういう心理状態？

J2 私はそのパーティーに行きたくない。

解説と英語表現例

《J2で考えると……》

◎気が進まない

⇒〜したくない

◎主語＝「私」

私は　行きたくない　そのパーティーに。

《英語で表現すると……》

I don't want to go to the party.
I don't feel like going to the party.
I'm reluctant to go to the party.
I'm not in the mood to go to the party.

▶ "I don't want to 〜 ." はかなり直接的な言い方になりますが、言い方に迷って沈黙してしまうよりは自分の気持ちを伝えることができます。
- not feel like 〜 ing（〜する気になれない）
- be reluctant to 〜（〜するのは不本意だ）
- be not in the mood to 〜（〜する気分ではない）は「気が進まない」にかなり近い表現です。

第4問

（研究発表の会場で）
多くの人がその説明に耳を傾けた。

ヒント

◇ 「耳を傾けた」とはどうしていること？
◇ 説明：explanation

J2
多くの人がその説明を注意深く聞いた。

解説と英語表現例

《J2で考えると……》

◎～に耳を傾ける

⇒～を注意深く聞く、～に集中する

多くの人が　聞いた　その説明を　注意深く。

《英語で表現すると……》

Many people listened to the explanation carefully.

Many people concentrated on the explanation.

※ concentrate on ～：～に集中する

▶「耳を傾ける」という表現は、英語でも「耳（ear）」を用いて、lend an ear to ～という言い方をすることができます。英語では 'lend'（～を貸す）という動詞を使うところが面白い違いです。

第5問

（研究発表を聞いた後で）
ちんぷんかんぷんだったよ。

ヒント

◇「ちんぷんかんぷん」とはどういう状態？
◇ 主語は2通りの可能性

J2
① 私はその説明を理解できなかった。
② その説明は私にとって難しすぎた。

解説と英語表現例

《J2で考えると……》

◎ちんぷんかんぷん

⇒理解できない、難しすぎる

①「私」を主語とする場合(目的語=「その説明」)

私は　理解できなかった　その説明を。

②「その説明」を主語とする場合

その説明は　難しすぎた　私には。

《英語で表現すると……》

① I couldn't understand the explanation.
② The explanation was too difficult for me.

▶ see(〜を見る)や catch(〜をつかむ)にも「〜を理解する」という意味があります。

　＜例＞ I can't see his intention.(彼の意図がわからない)
　　　　I couldn't catch its meaning.(その意味を理解できなかった)

第6問

（何回も注意されて）
耳にタコができたよ。

ヒント

◇「耳にタコができる」とはどういう状態？

J2 私はそれを聞き飽きた。

解説と英語表現例

《J2で考えると……》

◎耳にタコができる

　⇒聞き飽きる

◎主語＝「私」

　目的語＝「それ」

私は　聞き飽きた　それを。

《英語で表現すると……》

I'm tired of listening to that.

※ 'be tired of ～' で「～に飽きる、うんざりだ」という意味

Stop it, please.

※「それを言うことをやめてくれ」という意味

▶ **不快感を表す表現のいろいろ**

・～にうんざりだ：be sick of ～

　　　　　　　　 be sick and tired of ～

・不愉快に感じる：not feel pleasant / feel unpleasant

・心地よくない：not feel comfortable / feel uncomfortable

第7問

彼女はその知らせに肩を落とした。

ヒント

◇ 「肩を落とす」とはどういう心理状態？
◇ その知らせ：the news

J2 彼女はその知らせにがっかりした。

解説と英語表現例

《J2で考えると……》

◎肩を落とす

⇒がっかりする、落胆する

彼女は　がっかりした　その知らせに。

《英語で表現すると……》

She was disappointed with the news.

She was discouraged with the news.

※ 'with' は「〜で、〜が原因で」を表す。

She felt down about the news.

※ 'feel down' で「気分が落ち込む、めいる」という意味

▶ 感情の動きを表す表現において、その原因や理由をつけ加えるときには 'with' や 'at' などの語が使われますが、何を用いるかはその動詞によって異なります。確認する場合は、その動詞を辞書で引けばどのような語を用いるかが出ています。

　＜例＞ She was pleased with the news.（彼女はその知らせに喜んだ）
　　　　 I was surprised at the news.（私はその知らせに驚いた）

第 8 問

その政治家は面の皮が厚い。

ヒント

◇ 「面の皮が厚い」とはどんな人?
◇ 政治家:politician

J2 その政治家は傲慢（横柄、無神経）だ。

解説と英語表現例

《J2で考えると……》

◎面の皮が厚い

⇒傲慢だ、横柄だ、無神経だ

その政治家は　傲慢（横柄、無神経）だ。

《英語で表現すると……》

The politician is arrogant.
The politician is haughty.
The politician isn't sensitive.
The politician is insensitive.

▶「当たらずとも遠からず」で表現

上記のように、「面の皮が厚い」という表現の解釈も1つではなく、似たような複数の表現が考えられます。1つの日本語表現にいつも1つの英語表現と考えるのではなく、**「当たらずとも遠からず」という考え方で表現**することも大切です。

第9問

記者たちはその政治家の腹の中を探った。

ヒント

◇ 「腹の中を探る」とはどうすること？
◇ 記者：reporter
◇ 政治家：politician

J2 記者たちはその政治家の本音を見つけようとした。

解説と英語表現例

《J2で考えると……》

◎腹の中を探る

⇒本音を見つける

記者たちは 見つけようとした その政治家の本音を。

《英語で表現すると……》

Reporters tried to find out the politician's real intentions.

※ try to find out 〜：〜を見つけようとする
※ real intentions：本当の意図、本音

Reporters sound out the politician's real intentions.

※ sound out 〜：〜を探る

▶「本音」と「建前」

「本音」は 'real intentions' 'true intentions' のように表現することができますが、「建前」はなかなか英語になりにくい日本語です。あえて表現するとすれば、'public stance'（公的立場）という言い方ができます。

第10問

それは身の毛もよだつ話だった。

> **ヒント**
>
> ◇ 「身の毛もよだつ話」とはどういう話?
> ◇ 話:story

J2
①それは恐ろしい（とても怖い）話だった。
②その話は恐ろしい（とても怖い）ものだった。

解説と英語表現例

《J2で考えると……》

◎身の毛もよだつ
　⇒恐ろしい、とても怖い

それは　恐ろしい（とても怖い）話だった。

その話は　恐ろしい（とても怖い）ものだった。

《英語で表現すると……》

① It was a horrible story.
① It was a very scary story.
② The story was horrible.
② The story was very scary.

▶ hair-raising という表現

英語においても 'hair-raising'（身の毛がよだつ）という表現があり、その意味も日本語とほぼ同じです。しかし、比喩的な言い回しが同じようになることはむしろ珍しいことで、そのまま英語に置き換えるのではなく、その意味するところを表現するようにする方が安全です。

J1

第 11 問

（食べ物の話で）
甘いものに目がなくてね。

ヒント

◇ 「目がない」とはどういう状態？
◇ 甘いもの：sweet things / sweets

J2 私は甘いものがとても好きだ。

解説と英語表現例

《J2で考えると……》

◎〜に目がない
　⇒〜がとても好き
◎主語＝「私」

私は　好きだ　甘いものが　とても。

《英語で表現すると……》

I like sweet things very much.
I love sweets.
※英語では 'tooth'（歯）を用いる慣用表現がある。
I have a sweet tooth.（私は甘党だ）

▶ 上記の※印のように、同じ意味を表すのに日英で異なる身体部位を用いる表現として次のような例があります。
  ・〜に首を突っ込む：poke one's nose into 〜（鼻を突っ込む）
  ・腹を読む：read one's mind（心を読む）
  ・目が回る：one's head spin（頭が回る）
  ・口が滑る：make a slip of the tongue（舌が滑る）

第12問

（同僚から悩みの相談を受けて）
一肌脱ぐよ。

ヒント

◇「一肌脱ぐ」とはどうすること？

J2 私は君を助けよう。

解説と英語表現例

《J2で考えると……》

◎一肌脱ぐ
　⇒助ける

◎主語＝「私」
　目的語＝「君」

私は　助けよう　君を。

《英語で表現すると……》

I'll help you.
I'll work with you.
I'll do what I can do for you.

※ 'what I can do' で「私ができること」という意味

▶ **「一肌脱ぐ」＝「手を貸す」**

日本語の慣用表現に似た意味の英語表現があります。「手を貸す」は、英語でも give a (helping) hand という言い方をすることができます。

＜例＞ OK. I'll give you a hand.（よし。手を貸すよ）

第 13 問

（外国の友人に向かって）
お年玉を知っていますか。

ヒント

◇ 「お年玉」を説明するための大きな分類は何か？
◇ その特徴的な補足情報は何か？

J2 日本のお正月に子供たちに対するお金の贈り物のことを知っていますか？

解説と英語表現例

《Ｊ２で考えると……》

◎お年玉：（大きな分類）**お金の贈り物**

　　　　　　　　　　a gift of money

　　　（補足情報）**子供への　お正月に　日本における**

　　　　　　　　　　to children on New Year's Day in Japan

《英語で表現すると……》

Do you know the gift of money to children on New Year's Day in Japan?

Do you know *otoshidama*, which means the gift of money to children on New Year's Day in Japan?

▶ **"Do you know *otoshidama*, which means 〜 ?"という形式**
まず「お年玉を知っていますか」と言った後で、which means 〜（それは〜という意味です）というように説明を加える形もできます。この形での 'which' は、「それは〜」のように情報を付け加えるときに用いられる形式です。

第5部　調理法⑤　日本語の慣用表現・比喩表現や伝統的な文物は言い換える

J1

第 14 問

（外国の友人に向かって）
おせちは好きですか。

ヒント

◇ 「おせち」を説明するための大きな分類は何か？
◇ その特徴的な補足情報は何か？

J2 あなたは日本のお正月の特別な食べ物が好きですか？

解説と英語表現例

《J2で考えると……》

◎おせち：（大きな分類）**特別な食べ物**

　　　　　　　　　　　special food

　　　　（補足情報）**お正月のための　日本での**

　　　　　　　　　for New Year's Day in Japan

《英語で表現すると……》

Do you like the special food on New Year's Day in Japan?
Do you like *osechi*, which means the special food on New Year's Day in Japan?
Do you like *osechi*, which means Japanese traditional food on New Year's Day?

▶ **traditional** という表現

「伝統的な」という意味で、その文化独特の文物を説明するときに役立つ表現です。

・traditional customs：伝統的な習慣、慣習
・traditional event：伝統行事
・traditional food：伝統的な食べ物
・traditional arts：伝統芸能

J1

第15問

（外国人の友人に）
お花見に行こう。

ヒント

◇「お花見」の「花」は何？

J2 桜の花を見に行こう。

解説と英語表現例

《J2で考えると……》

◎「花見に行く」＝桜の花を見に行く

見に行こう　桜の花を。

※「花見」を'cherry-blossom viewing'と表現することもできる。

《英語で表現すると……》

Let's go to see cherry blossoms.

Let's go cherry-blossom viewing.

Let's go cherry-blossom viewing, which is a Japanese traditional event in spring.

▶ **blossom と flower**

日本語ではどちらも「花」という訳語になりますが、'blossom'は「桜やリンゴなどのような果実の花」を指します。これに対して、'flower'は観賞用の花を指します。

調理法⑤のまとめ
（日本語の慣用表現・比喩表現や伝統的な文物は言い換える）

①日本語の慣用表現・比喩表現の場合
1 そのまま英語にしても通じない。
2 その意味を伝えるために思い切った言い換えをする必要がある。

②日本の伝統的な文物の場合
1 大きな分類を示す（食べ物、衣類、祭り、贈り物 など）
2 補足情報で特徴を加える（時期、形、色、味 など）

▶ いかがでしたか。文化的背景を共有していない相手に伝えるときには、相手にわかりやすく説明する配慮が求められます。

▶ 伝統的な習慣や行事を説明するときには、いきなり細かい情報を言うのではなく、**「大きな分類」**と**「補足情報」の二本立て**で整理することを心がけてみてください。

第5部のまとめ

① J1—J2の考え方を実践する上で、次の〈5つの調理法〉が考えられる。

調理法① 使える語順を身につける
調理法② 事実と心情を整理する
調理法③ 省かれている語句を補足する
調理法④ おまけ部分は削除して核心部分を述べる
調理法⑤ 日本語の慣用表現・比喩表現や伝統的な文物は言い換える

② 言いたいこと（情報）を明確にし、それを整理することを心がけることが英語での表現力につながる。

▶ これらの5つの視点は、言いたいことを英語で表現できるようになるための「補助輪」に例えることもできます。**最初は面倒くさいように感じるかもしれませんが、自由に自転車走行できるようになるまでの「橋渡し」として意識してみてください。**

Coffee Break ❹

インプットはアウトプットを支える原動力

　インプットは聞いたり読んだりする活動、アウトプットは話したり書いたりする活動を指します。

　アウトプットの幅を広げるためには、インプットの量を増やす必要があります。「蓄え」がなければ産出できる量にもおのずと限界があります。

　インプットの量を増やすということは、リスニングやリーディングの量を増やすことを意味します。英語学習において、多聴や多読が重要であるといわれるのはこのためです。これは、本書の最初の方で述べた「食材調達型学習の必要性」に通じるものがあります。

　単語集などを利用する場合でも、単語の意味だけを覚えようとするのではなく、そこに示された例文とともに覚えることがその使い方も含めて身につける上で大切です。

第6部

〈5つの調理法〉を使って英語で表現しよう！
練習問題総まとめ

練習問題総まとめ

①これまでの〈5つの調理法〉を駆使して、一連のやりとりを英語で表現してください。

②内容は会社の同僚同士のやりとりです。次のページで会話の全体を示します。

③その後で、やりとりを1組ずつ区切って提示しますので、それを英語で表現してください。

▶ 最近では、上司や同僚あるいは部下として外国からのスタッフが増えています。ここでは便宜上、そのやりとりを日本語で示しますが、相手は日本語が通じないということを想定しながら、英語での表現を考えてみてください。

同僚とのやりとり

A：明日のプレゼン、君だったよな。
B：そうなんだよ。
A：どんな具合だ？
B：まあ、なんとか。
A：ずいぶん集まるらしいけど、みんな大切な顧客だからな。
B：ああ。今回の新企画はけっこういけると思うよ。
A：楽しみにしてるよ。今晩、一杯どう？
B：せっかくだけど……。今夜はプレゼンの最終確認があるし……。
A：確かに。うーん、そうだな、それじゃ、明日の晩はどうかな？
B：そのほうがいいね。

→ それでは、AとBを1組ずつ区切って英語表現を確認していきましょう。

J1

1 組目のやりとり

A：明日のプレゼン、君だったよな。
B：そうなんだよ。

ヒント

A：調理法①
◇ 何を主語にして、どういう動詞を用いるか？
◇ プレゼン：presentation
◇ 「〜だよな」のように確認する言い方は、その文の主語に合わせて、文尾に疑問文の形をつける。

J2

解説と英語表現例

《J2で考えると……》

A：主語＝「君」
　　動詞＝「プレゼンする」
　　君が　プレゼンする予定になっているね　明日。

B：**そうだよ。**

《英語で表現すると……》

A：You're going to make a presentation tomorrow, aren't you?

B：Yeah.

▶ A
- プレゼンする：make [give] a presentation
- 「〜だよな」という言い方は確認の意味が含まれていますので、文の最後に 'aren't you?' を入れます。これは付加疑問文と呼ばれるもので、念を押したり、確認したりするときによく用いられます。

▶ B
- "Yeah." は "Yes." のややくだけた言い方です。ここでは同僚とのやりとりなので大丈夫ですが、上司など目上の人に対してやたらと "Yeah." と言うのは避けた方が安全です。

J1

2 組目のやりとり

A：どんな具合だ？
B：まあ、なんとか。

ヒント

A：調理法①③
◇「どんな具合だ？」とは、何が、どういう状態のことを尋ねているのか？

B：調理法①②③
◇「まあ、なんとか」とは、何が、どういう状態のことを尋ねているのか？

J2

解説と英語表現例

《J2で考えると……》

◎主語=「その準備」(the preparation)

A：**その準備は　どのように進んでいるのか？**

B：順調に進んでいると思う。

　　私は　思う　それが　順調に進んでいると。

《英語で表現すると……》

A：How's the preparation going?

B：I think it's going well.

A

・How's は 'How is' の略で、物事の状況を尋ねるときによく用いられる言い方です。

　＜例＞ How's your work?（仕事はどう？）

B

・go well で「順調にすすむ」という意味を表します。

　＜例＞ Everything is going well.（万事順調だ）

J1

3 組目のやりとり

A：ずいぶん集まるらしいけど、みんな大切な顧客だからな。

B：ああ。今回の新企画はけっこういけると思うよ。

ヒント

A：調理法①③
◇ 2文に区切って考える。前半の主語は？
◇ 「〜らしい」はどう表現するか？
◇ 「〜だけど」は必ずしも逆接（「しかし」の意味）ではない。
◇ 顧客：client

B：調理法①⑤
◇ 新企画：new plan
◇ けっこういける＝注目を集める

J2

解説と英語表現例

《J2で考えると……》

A：前半の主語＝「私」

私は　聞いた　たくさんの人が来ると。彼らはみんな　大切な顧客だ。

B：**そうだ。私は　思う　新企画は　集めるだろう　注目を。**

《英語で表現すると……》

A：I heard (that) a lot of people will come. They are all important clients.

B：Yeah. I think (that) the new plan will attract their attention.

▶ **A**

・「～らしい」は「～ということを聞いた」という意味で 'I heard' という表現の他に、次のような言い方もできます。

It seems that a lot of people will come.

（'It seems ～' は「～らしい」という意味で、断定を避ける形式）

▶ **B**

・「けっこういける」は「彼らの注目を集める」と言い換えることができます。

attract one's attention：～の注目（関心）を集める

J1

4 組目のやりとり

A：楽しみにしてるよ。今晩、一杯どう？
B：せっかくだけど……。今夜はプレゼンの最終確認があるし……。

ヒント

A：調理法①③⑤
◇ 「楽しみにしている」は、誰が、何を楽しみにしているのか？
◇ 〜を楽しみにする：look forward to 〜
◇ 一杯どう？：慣用表現の言い換え（How about a drink?）
　　　　　　※ 'a drink' で「お酒」を表すことができる。

B：調理法①②③
◇ 誘われて断るときは、まずはお礼を忘れずに。
◇ 最終確認をする：make a final check

J2

解説と英語表現例

《J2で考えると……》

A：主語＝「私」
　　目的語＝「君のプレゼン」
　　私は　楽しみにしている　君のプレゼンを。飲もうか　今晩？

B：誘ってくれてありがとう。でも　私は　しなければならない　プレゼンの最終確認を　今夜。

《英語で表現すると……》

A：I'm looking forward to your presentation. How about a drink tonight?

B：Thank you for asking, but I have to make a final check of the presentation tonight.

▶ A

・How about 〜 ? は相手を誘うときの表現です。'about' の後に動詞がくるときには、'〜 ing' になります。

　＜例＞ How about playing tennis this weekend?
　　　　（今週末にテニスをしない？）

▶ B

・Thank you for asking. で「声をかけてくれてありがとう」の意味になります。

J1

5 組目のやりとり

A：確かに。うーん、そうだな、それじゃ、明日の晩はどうかな？
B：そのほうがいいね。

ヒント

A：調理法①④
◇「確かに」とは相手の言ったことに対してどう思っているのか？
◇「うーん、そうだな」はどう処理する？
◇ それじゃ：では、そうしたら（= then）
◇「〜はどうだ？」は相手を誘う表現（203 ページ参照）

B：調理法①③
◇ 主語は？

J2

解説と英語表現例

《J2で考えると……》

A：◎確かに＝相手に同意している

　　◎うーん、そうだな⇒おまけは削除

　　君は　正しい。それでは　明日の晩はどうか？

B：主語＝「それ」

　　それが　よりよい。

《英語で表現すると……》

A：You're right. Then, how about tomorrow night?

B：That sounds better.

※ "You're right."（君は正しい）の他に、"Exactly."（その通りだ、もっともだ）という表現も相手に同意する意味でよく用いられる。

B

- 'That sounds 〜' という表現における 'That' は相手の言ったことを指して、「それは〜だ」と言うときによく用いられます。この 'That' は省略されることもよくあります。

　＜例＞ (That) sounds a good idea.（それはいい考えだ）
　　　　Sounds terrible.（それはひどい）

第6部のまとめ

①〈5つの調理法〉を意識することで、「頭が真っ白」になることを防ぐ。

　1　どうしていいかわからずに沈黙してしまうことを防ぐ手段
　2　言いたいこと（情報）を整理する枠組みとして活用

②〈5つの調理法〉自体が目的化しないようにする。

　1　〈調理法〉は「料理」を作るためにあるもの
　2　「料理」（最終的なゴール）は、言いたいことが英語で表現できるようになること
　3　〈5つの調理法〉はそれを助ける「補助輪」

➡ 最後の第7部では、英語での自己表現という視点から日ごろの日本語生活を見直してみましょう。

第7部

英語力を支える日本語生活

英語力を支える日本語生活

これまでのところで、自分の言いたいことを英語で表現するために、「J1－J2」という考え方を整理してきました。

そもそも、**自分の言いたいことはどの程度明確で、整理されているのでしょうか**。この視点から、本書の締めくくりとして日ごろの日本語生活をあらためて考えてみたいと思います。

「日本語はあいまい」という言い方をときどき耳にしますが、**話し手の責任、言いかえれば「日本語という言語をどのように使っているか」という視点**から日本語生活を振り返ってみましょう。

▶ 言いたいことを伝えるには、「話す」と「書く」があります。ここでは「話す」という場面を想定しますが、それは書く場合にも通じるものがあります。

日本語生活を見直す大きな視点

①日本語生活に見られる傾向の再認識
- 話し手（発信者）よりも聞き手（受信者）の責任が大きい。
 （理解できないのは「聞き手（受信者）の責任」という見方）
- 話し手（発信者）の話し方が問われることが少ない。

②話し手（発信者）の責任の再認識
- 「わかりにくさ」は話し手（発信者）の責任でもある。
- 聞き手（受信者）に対して配慮する。
 （わかりやすい話し方、情報提供の仕方）

▶ 「しゃべること」と「伝えること」は同じではありません。
▶ **「しゃべること」はいわば話し手の発散行為で、聞き手に対する配慮は二の次です。「伝えること」は聞き手を意識した話し方ができるかどうか**にかかってきます。

大きい情報から小さい情報へ

①全体像から詳細へという流れで話す。

・聞き手を道に迷わせないために、「行き先までの地図」にあたる全体像を提供する。

＜例＞本日は〜についてお話しいたします。概要は次の通りで、全部で5つのポイントがあります。まず、1つ目のポイントですが、……

②上位分類、下位分類という情報の階層を意識する。

・書籍の目次における見出しを念頭に置く。
・聞き手にとって情報が整理されやすい形で提示する。

▶ 大きい情報と小さい情報が入り乱れて、話が行ったり来たりするのは、聞き手への配慮が不足している1つの典型的な現象です。

大事な点（結論）を先に

①聞き手に不要な推測をさせない。

- 日本語生活では明言することをためらい、相手に「察してもらう」ことへの依存度が高い。
- 大事な点を後回しにするだけでは、聞き手を引きつけることはできない。

②「結局、何が言いたいの？」と言われないようにする。

- 冒頭で結論に至るまでの経緯を長々と話さない。
- 最後まで何を言うのかわからない話し方で聞き手を引きつけようとするのは避ける。

▶ 大事な点（結論）を先に述べ、そこに至る経緯を説明するという情報の出し方の典型的な例が裁判での判決です。

意見（主張）と理由はセットで

①自分の意見に客観性を持たせる。

- 意見は感想と違う。
- 感想は言いっ放しでもいいが、意見は理由や根拠を示さないと議論が深まらない。

②自分に対して「なぜ」と問いかける。

- 聞き手の立場で自問自答する。
- 自分が無意識のうちに「前提」としていることはないかどうかを確認する。

▶ **日ごろから理由や根拠を付け加える習慣をつけることが英語での意見表明においても非常に役立ちます。** "Why?" と尋ねられる前に、"… because 〜" と自分の言ったことに対して理由や根拠を示すことができれば議論を深めることができます。

同じレベルの項目には「標識語」を

①最初にいくつの項目があるかを伝える。

　＜例＞その理由としましては３つあります。第１に、……。第２として、……。最後の点として、……。

②思いついたように、「また」「そして」「さらに」「その上」などと付け足さない。

　・聞き手は「全部でいくつあるのか」「いつになったら終わるのか」と思い、集中力を切らしてしまうことになる。

第7部　英語力を支える日本語生活

▶ 列挙する項目（ポイント）の区切れ目を明確にする**標識語（例：第１に、第２に、最後に）を効果的に使う**ことで、「今、どこの何の話をしているのか」を明確にすることができます。いわば「話のGPS機能」のようなものです。

質問の仕方に工夫を

①「どう思いますか」を多用しない。

・この質問は相手に何を求めているのかがあいまい。
・相手は何を言っても許される。

②何を尋ねたいのか明確かどうか。

質問によって相手から何を引き出したいのかによって質問の仕方は異なる。

  ・感想を求める質問なのか
  ・意見を求める質問なのか
  ・理由や根拠を求める質問なのか　など

▶ 日本では長い間、説明責任が問われることがありませんでした。これは、「質問する」ことが「相手に失礼になる」または「相手に異論を唱える」といった行為と受け取られるということと関係があるという指摘があります。その結果、**「質問力（質問の仕方）」が育まれなかった**とも言えます。英語でのコミュニケーションにおいては、「質問する」ということは大切な行為と考えられています。

できる限り主語を明確に

①「主語は何か」を自問自答する。
- 日本語ではいちいち主語を言うことは不自然に響くが、常に「誰が（何が）」を自問自答し、あいまいなときには明示する。

②主語を明確にすることは英語の基本語順の第一歩になる。
- 英語の基本語順は主語で始まる。
- 日本語生活においても常に主語を意識することが、英語での表現への「橋渡し」となる。

▶ **次の言い方のどちらをよく使いますか。**
  A：スケジュールが変更になりました。
  B：スケジュールを変更しました。
Aは「変更した人」の存在がわからない言い方になっています。このような言い方ばかりを使っていると、英語で表現しようとしたときに主語の設定がしにくくなります。

第7部　英語力を支える日本語生活

代名詞の指す内容を明確に

①あいまいな「あれ」「それ」を乱用しない。

- 状況や前提を完全に共有している相手であれば許されても、いつもそうとは限らない。

（身内型コミュニケーションの特徴と限界）

②英語では代名詞の指す語句は単数形と複数形で識別できる。

- 英語では単数の名詞は'it'で、複数の名詞は'they [them]'で受ける。もし、代名詞が指すものがあいまいになるときはあえてその名詞を繰り返す。

▶ 日本語では単数、複数の表示がいつも明確とは限りません。そのために、代名詞をいつも「それ」や「あれ」で済ませることができます。これはこれで便利なのですが、乱用すると代名詞の指すものが不明瞭になる可能性が高くなります。

おわりに

　日本語と英語にはそれぞれの特徴があり、異なるルールによって意思伝達が行われています。これは言語の優劣ではありません。日本語だけでよい環境にいれば何の問題もないことでも、その発想をそのまま英語に持ち込むと、通じなかったり、誤解を生んだりして、コミュニケーションに支障をきたします。

　「J1-J2」の考え方を用いた〈5つの調理法〉は、その橋渡しをする1つの視点です。無意識に使っている日本語をあらためて認識することが、英語での表現力を向上させる上で1つのきっかけになると考えます。

　外国語でコミュニケーションをするということは、共有する前提が少ない相手と情報のやりとりをすることです。日ごろの日本語生活においても、「相手とどこまで前提を共有しているのか」ということを意識することがわかりやすい話し方につながり、その姿勢が英語で言いたいことを伝える上でも役立つものと思います。

　最後に、本書の趣旨にご賛同いただき、出版の機会を下さった株式会社ユニコムの片岡研代表取締役と編集に際して細部に渡るご指摘をいただいた椎野慎子さんに感謝申し上げます。ありがとうございました。

2013年4月　柳瀬和明

参考文献

Cummins, J. (1982) Test, Achievement, and Bilingual Students. In Baker, C. and N. Hornberger(eds.)(2001) *An Introductory Reader to the Writings of Jim Cummins*. Clevedon: Multilingual Matters.

Ellis, R.(1994) *The Study of Second Language Acquisition*. Oxford, England: Oxford University Press

Eubank, L., L. Selinker and Michael Sharwood Smith (eds.)(1995) *The Current State of Interlanguage*. Amsterdam: John Benjamins Publishing Co.

Li, C.N. and S.A. Thompson (1976) Subject and Topic: a new typology of languages. In Li, C.N.(ed.)(1976) *Subject and Topic*. New York: Academic Press

Odlin, T (1989) *Language Transfer*. Cambridge University Press［丹下省吾訳（1995）『言語転移　言語学習における通言語的影響』リーベル出版］

荒木博之 (2000)『日本語が見えると英語も見える』中公新書

奥津敬一郎 (1978)『「ボクハ　ウナギダ」の文法』くろしお出版

池上　彰 (2009)『わかりやすく〈伝える〉技術』講談社現代新書

池上嘉彦 (1981)『「する」と「なる」の言語学』大修館書店

岡　秀夫訳・編 (1996)『バイリンガル教育と第二言語習得』大修館書店

金谷武洋 (2002)『日本語に主語はいらない』講談社選書メチエ

三森ゆりか (2002)『論理的に考える力を引き出す』一声社

三森ゆりか (2003)『外国語を身につけるための日本語レッスン』白水社

鈴木孝夫 (1975)『閉された言語・日本語の世界』新潮選書

鈴木孝夫 (1999)『日本人はなぜ英語ができないか』岩波新書

竹内　理 (2003)『よりよい外国語学習を求めて』松柏社

田地野 彰 (2011)『「意味順」英語学習法』ディスカヴァー・トゥエンティワン

角田太作 (1991)『世界の言語と日本語　言語類型論からみた日本語』くろしお出版

野田尚史 (1996)『「は」と「が」』くろしお出版

藤沢晃治 (1999)『「分かりやすい表現」の技術』講談社ブルーバックス

藤沢晃治 (2002)『「分かりやすい説明」の技術』講談社ブルーバックス

松本　茂 (1996)『頭を鍛えるディベート入門』講談社ブルーバックス

三上　章 (1960)『象は鼻が長い』くろしお出版

レスリー・M. ビービ編 (1998)『第二言語習得の研究　5つの視点から』大修館書店

ロッド・エリス著　牧野　吉訳 (2003)『第2言語習得のメカニズム』筑摩学芸文庫

柳瀬和明 (2005)『「日本語から考える英語表現」の技術』講談社ブルーバックス

柳瀬和明 (2010)「主語の設定と動詞の選択で迷う学習者」『STEP 英語情報』3・4月号

柳瀬和明 (2012)「英語力を支える日本語生活を考える—初中級英語学習者の「日本語生活調査」から—」『STEP 英語情報』11・12月号

吉田研作・柳瀬和明 (2003)『日本語を活かした英語授業のすすめ』大修館書店

吉田たかよし (2005)『「分かりやすい話し方」の技術』講談社ブルーバックス

柳瀬和明（やなせ・かずあき）
都立高校での教員を経て、現在、公益財団法人日本英語検定協会制作部アドバイザー。オーストラリアの各種教育機関で日本語教育に従事した経験を持つ。英検の問題作成・分析、各種英語試験や英語学習に関する調査研究などに従事。著書に、『大学入試よく出るテーマ 読み解き英語長文800』（旺文社）、*Birdland English Course FOR READING*（共著・文英堂）、『「日本語から考える英語表現」の技術』（講談社ブルーバックス）、『日本語を活かした英語授業のすすめ』（共著・大修館書店）、『ジュニアプログレッシブ英和・和英辞典』（編集委員・小学館）などがある。

・・・・・・・・・・・・・・・・・・・・・・・・・・・・・・・・・・・・・

英文校正　　Ian Griffith Wood
カバーデザイン　　前川詩乃
本文デザイン　　長川玲子

目のつけどころを変えてみる！
日本語から考える英会話

・・・・・・・・・・・・・・・・・・・・・・・・・・・・・・・・・・・・・

2013年4月10日　初版発行

[著　者]　柳瀬和明　ⓒ 2013
[発行者]　片岡 研
[印刷所]　株式会社シナノ
[発行所]　株式会社ユニコム　UNICOM Inc.
　　　　　〒153-0064 東京都目黒区下目黒 1-2-22-1004
　　　　　Tel. 03-5496-7650　Fax. 03-5496-9680
　　　　　http://www.unicom-lra.co.jp

ISBN 978-4-89689-491-2
許可なしに転載・複製することを禁じます。

スーパー・ビジュアル
すぐに使えるトラベル英会話
ISBN 978-4-89689-456-1 定価 1,680 円

英語の構成を図解で対比して見ることによって、面倒な文法の説明なしに、なんとなくコトバの構造がわかってしまう。それが『スーパー・ビジュアル』方式です。『スーパー・ビジュアル』方式で、海外旅行に必要な語句をトピック別に集めました。

【話す】ための
英文の作り方 Drills
ISBN 978-4-89689-467-7 定価 1,680 円

英語の仕組みをしっかりと踏まえた上で、英語的発想で英文を作る訓練をすれば、効率よく英会話の学習ができるはずです。そのために、本書では左ページに分かりやすい構文チャートを示し、右ページには和文から簡単に英文ができるように文の構築ドリルを配置しました。付属のＣＤには【文構築ドリル】と会話集【会話で決める】が収録されています。
「英語がポンポン口をついて出る！」ようになるまで、繰り返し練習して下さい。

コロケーションで覚える！ 英会話
ISBN 978-4-89689-468-4 定価 1,680 円

コロケーション（collocation）とは、単語と単語との慣用的な結びつき、つまり「連語（関係）」のことです。「単語同士の結びつき（コロケーション）」に焦点を当て、フレーズ・例文・会話の実例をチェックしながら、「自分が言いたいことを的確に表現できる英語力」を身につけていきます。

ひと目でわかる英会話
シンプルパターン 78
ISBN 978-4-89689-485-1 定価 1,680 円

中学校レベルの文法と単語だけを使って「こんなに簡単な英語が、いかに実際の会話で役立つか」ということを知ってもらうために、文例と文型を厳選しているのが大きな特長です。「英語なんて忘れちゃった」という方も「文法は頭に入っているのに会話は苦手」という方も、この一冊を読み終える頃には、英会話のコツをつかんでいることでしょう。